昭和の青春
日本を動かした世代の原動力

池上 彰

講談社現代新書
2726

はじめに

テレビの世界では「昭和ブーム」が続いています。番組で戦後の昭和時代を特集すると、軒並み高い視聴率を取るのです。

私が担当する番組でも「昭和時代に何があったか」をテーマに取り上げると、視聴率が上がります。昭和生まれの人たちは「そうそう、そんなことがあった！」という懐かしさで、若い人たちは「嘘でしょう、信じられない！」という驚きでみんな盛り上がるからです。さまざまなクイズ番組でも昭和ネタが鉄板です。

バブル景気崩壊で失われた30年が生じる前の世界は右肩上がりの経済成長を遂げ、いまから見ると光り輝いていたように思えます。その反面、現在の感覚からすればとんでもない出来事や風景が日常茶飯事でした。

いまでこそ日本ではゴミをポイ捨てする人はとても少なく、みんなきちんとゴミ箱に捨てるか家に持ち帰るので街は清潔に保たれています。しかし、私が学生だった頃は、多くの人が道路に平気でポイ捨てしていました。

それどころか、汚い話になって恐縮ですが、昭和の人々は平気でそこら中に痰《たん》を吐き散らかしていたので鉄道各駅のホームには痰つぼが置かれていたものです。

鉄道といえばJR各社がまだ国鉄（日本国有鉄道）だった時代、長距離列車のトイレには「停車中は使用しないで下さい」と注意書きが掲示されていました。当時の列車のトイレは便をそのまま地面に落とす方式だったので、駅で停車中に使用するとホームの下に汚物がたまってしまうからです。

中央本線で松本から東京へ向かうときは、八王子駅に近づくと「ここから先はトイレの使用をご遠慮ください」との車内アナウンスが流れました。周りが畑ばかりならそれほど影響はありませんが、住宅地や商業地域が広がるなかで垂れ流しはまずい、というわけです。

私がNHKの記者として地方から東京に戻ってきた1979年の段階でも、東北本線の列車はまだ垂れ流し式でした。

なぜ覚えているかというとこの年、妊婦の乗客がトイレで赤ちゃんを産み落としてしまい、線路に落下する事件があったからです。線路に産み落とされた子供が無事かどうか、私も取材しました。

写真や映像とともに、いまの世の中では信じがたいこうした事件やエピソードを番組で取り上げると、若いタレントは「キャー!」「ウソでしょう?」と驚き、年配のタレントからは「私はその頃、こんな体験をした」と面白エピソードが飛び出したりする。そんな風に戦後昭和のあれこれは、さまざまな世代が一緒に楽しめる一大コンテンツになっています。

戦後昭和が注目される理由について、もう少し深掘りして考えてみましょう。

なぜ昭和に対する関心が高まっているかといえば、日本の人口のなかで大きな割合を占める団塊の世代が人生の終盤を迎えていることが大きいと思います。人は老い先短くなってきたとき、自分の青春時代を振り返りたくなるのは古今東西変わらない人間の心理です。

団塊の世代とは第二次世界大戦終結後、しばらくしてから出生した昭和22~24年生まれの人たちです。西暦でいえば1947~1949年生まれ。2023年時点の年齢は

74歳から76歳にあたります。

出生数は1947年が267万8792人、48年268万1624人、49年269万6638人で、3年間の合計は約806万人。2022年の出生数である77万759人と比較すると毎年3倍以上生まれていたわけで、この時期の人口増加がいかにすさまじかったのかがわかります。

団塊の世代は人口のボリュームが大きいので、彼ら彼女らが何か行動を起こすと必ずブームになりました。東大が入試を中止するに至った学生運動はその典型で、いろんなところで団塊の世代というボリュームゾーンが何かをすることで、世の中が動きました。

現在の昭和ブームも同様に、団塊の世代を中心とする人々が自身の青春時代を振り返り始めたのだと考えれば、なぜこれほど盛り上がっているのか、一つの説明になります。

団塊の世代は第二次世界大戦終結後の焼け跡から戦後復興期、高度経済成長期と日本が急速に発展していくなかで思春期や青春時代を送りました。この過程で不潔が当たり前だった街の風景がきれいになったのをはじめ、インフラや生活環境はもちろん、人々の価値観まで大きく変化しました。

本書では団塊の世代を中心とする戦後間もなく生まれた人々が体験した政治や経済、

文化、生活などの急激な変容を振り返り、単に過去を懐かしんだりエンターテインメントとして楽しんだりするだけでなく、どのようにそのライフスタイルや価値観が形成されたのか、あるいはこの世代の人々はどのような要因に影響され、一方でその行動が社会にどう影響を与えたのかなど、「昭和の青春」について読者とともにたどっていこうと思います。

もちろん昭和世代のためだけではなく、当時はまだ生まれていなかったり幼かったりした世代の人たちが昭和の世の中がどんな様子だったのか、なぜ現在の感覚では信じがたい出来事や状況が生じたのかを知り、理解するために役立つことも本書の狙いとしています。

その上で、人口構成上、社会への影響が大きい戦後間もなく生まれた世代はこれからどんな課題に直面し、どう向き合っていけばよいのか。今後も続く人生において、社会にどう関わっていくのか、どんな役割を果たしていくとよいのかを考察していきましょう。

ちなみに私自身は１９５０（昭和25）年生まれで、団塊の世代の一つ下の年にあたります。毎年２６７万〜２６９万人が生まれていた団塊の世代に対してこの年の出生数は２

33万7507人に急減し、その後も減少は続いていきます。

本書で取り上げる昭和の青春をリアルタイムで体験した身からすると、現在伝えられている昭和の世相や出来事は、当時の社会的背景や世の中の雰囲気を知らないと、よく理解できなかったり解釈を誤ったりすることがたくさんあります。

なぜ大勢の学生たちが大学にバリケードを築いてストライキを起こし、あるいはデモ行進して機動隊と衝突し、それが多くの支持を集めたのか。令和の常識からはあまりにかけ離れた行動かもしれませんが、経緯や背景まで知ると理解が深まると思います。

また、当時決定したことが現在の状況につながっていることはたくさんありますし、いまは当たり前に定着しているインフラやライフスタイルが、実は先人の努力や構想、試行錯誤によって構築されたものであることも少なくありません。こうした諸々を記録し、改めて思い返す機会にもなれば、と思います。


【参考文献・資料】

厚生労働省「令和4年（2022）人口動態統計（確定数）の概況」
https://www.mhlw.go.jp/toukei/saikin/hw/jinkou/kakutei22/index.html

目次

第2章　青春の高度経済成長

第3章　青春の昭和文化・社会風俗

第4章　新たな時代を切り拓いた人物たち

第５章　高度経済成長と繁栄の「陰」

第6章 「昭和の青春」世代のこれまでとこれから

第１章　青春の学生運動

なぜ60年代に学生運動が盛り上がったのか

団塊の世代が思春期から青年期を過ごした1960年代は政治の季節。学生運動が非常に盛り上がりました。

2020年代の日本で大規模なデモ隊と機動隊の衝突が起こる事態はあまりイメージが湧かないと思いますが、60年安保闘争では大規模なデモ隊が国会議事堂の周りを取り囲み、国会内への突入も行われました。

1968年の東大紛争では学生たちが東大安田講堂を封鎖し、同年の日大紛争では大学の莫大な使途不明金発覚をきっかけに学生たちが校内施設を占拠しました。

過激化した活動家たちはさらに日本初のハイジャック事件である「よど号事件」や、死者3人、重軽傷者27人を出した「あさま山荘事件」を引き起こすのですが、その後、学生運動はピーク時の熱狂がうそのように下火になっていきました。

なぜ、学生運動が大いに盛り上がり、急速に勢いを失っていったのか。まずは60年安保闘争から話をはじめましょう。

安保闘争に火をつけた「民主主義の危機」

1960年、テレビでは連日「安保反対！」のニュース映像を流していました。当時10歳だった私の学年は意味もわからず小学校で「安保反対！」とデモごっこをやって、先生から怒られたのをよく覚えています。

当時の岸信介《のぶすけ》首相の孫で、その頃は幼かった安倍晋三さんも首相公邸で「安保反対」と叫んだところ、岸首相が苦笑いして「それは言わないでくれ」と頼んだことがあるそうです。首相公邸は国会議事堂のすぐ近くなので、「安保反対」の声はよく聞こえたのでしょう。

当時の安保闘争の激しさを伝える資料として、国会議事堂を多くの人々が取り巻いている写真が教科書等でよく使われています。ただし、そこには大きな誤解があります。あの写真でみんなが抗議しているのは安全保障条約そのものではなかったのです。

どういうことか？

第二次世界大戦が敗戦に終わった日本は51年のサンフランシスコ講和会議で、アメリ

安保改定締結に反対するデモ隊は国会議事堂正門を破り中へ入ろうとする。それを阻止する警官隊と揉み合いの騒動となった。

カをはじめとする連合国48ヵ国との間で平和条約を結びました。これにより連合国の占領は終結し、日本は独立国家として主権を回復しました。

この際にアメリカ軍の駐留を引き続き可能にし、日本に対する武力攻撃を阻止する目的で日米安全保障条約が締結されたのですが、内容にはさまざまな問題がありました。

何しろアメリカ軍は日本に駐留はするが日本を守る義務がなく、日本国内で暴動や内乱が発生して政府が鎮圧できなかった場合、アメリカ軍が介入できる代物だったのです。アメリカ軍がその気になれば日本の反政府運動を武力でつぶせる、というわけです。

この不平等な安保条約を対等にしようと動いたのが岸信介首相で、60年に改定されました。これで内乱条項が撤廃されてアメリカ軍は日本の反政府運動を抑えることができなくなるとともに、日本を防衛する義務が明確化されました。

客観的に見れば、改定された安保条約は日米関係を対等にしようとする内容でした。それもあってか国会で安保改定に関する審議がはじまったときは、あまり関心を持たれていません。

安保反対闘争は社会党が主体となって行われましたが、当初はまったく盛り上がりませんでした。社会党の支持団体だった総評（日本労働組合総評議会）という労働組合団体に働きかけても、なかなか人が集まらなかったのです。

なお、共産党はその頃、衆議院に1議席しかありませんでした。同党は戦後、どんどん議席数を伸ばしていたのです

岸信介（1896-1987年）。1957年から1960年まで内閣総理大臣（第56・57代）を務める。日米安保体制の成立に尽力し、安保騒動も乗り切る。

が、党内の所感派という勢力がソ連共産党に「日本で武力革命を起こせ」と言われ、あちこちで交番に火炎瓶を投げ込んだりしたため「共産党は恐い」というイメージができあがり、一般からの支持を失っていました。

この暴力革命路線は55年の日本共産党第6回全国協議会で撤回されますが、当時の衆議院に共産党議員は1人しかいませんでした。

風向きが変わったのは、岸首相が衆議院で条約批准の強行採決を行ったときです。日米安保条約という国際条約を締結するには、両国がそれぞれ議会で批准する必要があります。6月にアイゼンハワー米大統領が来日する前に何が何でも国会で批准しなければならないと焦った自民党は衆議院に警官隊を導入し、議場の前に座り込んで反対していた社会党の議員をごぼう抜きに排除し、自民党議員だけで条約批准を強行採決しました。60年5月19日のことです。

本来、国会は立法機関なので、行政機関である警察は手を出せません。だから国会の警備は衛視という立法機関の警察のような人たちが行っているのですが、自民党は警官隊を使ったのです。

しかも衆議院で可決されれば参議院を開かなくても30日後には自然成立します。それを狙って岸首相は衆議院で強行採決を行いました。

これら一連の強権的な出来事に対し、多くの人たちが「民主主義の危機である」と憤ったのです。

この時は第二次世界大戦終結からまだ15年しか経過していません。ようやく日本も民主化されたと思っていたのに、逆行するような事件が議会で起こってしまった。その危機意識からみんなで民主主義を守れといって、全国からデモ参加者が国会議事堂の周りに集まったのです。

世の中から大きな反発を受けた要因として、岸首相の経歴もありました。岸首相は戦時中、東条英機《ひでき》内閣で商工大臣を務め、敗戦後はA級戦犯容疑で勾留され公職追放されています（52年解除）。

旧体制側にいた人物である岸首相が国会に警官隊を導入し、批准に反対する議員を力ずくで排除したことは、時代を戦前に逆戻りさせるような印象を国民に与えました。

また、アメリカ軍の日本駐留が恒久的になると、53年に休戦となっていた朝鮮戦争が再発して、日本も巻き込まれるのではないかとの不安もありました。

「東大の真面目な女子学生がデモで死んだ」

戦後、日本では民主主義を徹底するために自治の力をつけようとの趣旨で、小学校で児童会、中学、高校で生徒会、大学で学生自治会がつくられました。小学校なら児童会で会長選挙を行い、大事なことを投票で決めていきましょうというわけです。

各大学の学生自治会を連合する団体としてつくられたのが全日本学生自治会総連合、いわゆる全学連です。

民主主義の危機に際して、全国の学生自治会の学生たちは大挙して国会議事堂に集まり、連日デモが行われました。

その頃は今ほど交通の便がよくありませんから、北海道や九州の学生は国鉄に乗って2日くらいかけて東京までやってきました。それほど民主主義を守ろうとする気持ちが強かったのです。

ただし、全学連は一枚岩ではありませんでした。当初、全学連の指導部は共産党系でしたが、共産党から飛び出した共産主義者同盟という政治団体が勢力を伸ばして主流派となっていたのです。

主流派は「国会に突入せよ」と叫ぶ過激な路線だったのに対し、共産党系の反主流派は「平和裡にデモ行進しよう」と、路線に相違がありました。

6月10日、平和路線を取る反主流派のデモ隊は羽田空港に詰めかけて、アイゼンハワー大統領の先遣隊としてやってきた、ハガティ米大統領新聞係秘書に抗議しました。

その頃の羽田空港は現在とは異なり規模が小さく、そこにもの凄い数のデモ隊が押し寄せたので、ハガティは立ち往生してしまいました。

ハガティは米海兵隊のヘリコプターによって救出されたのです。これがアメリカでは「日本はこれほど治安が悪い」と大々的に報道される結果になりました。

そして6月15日になると、全学連主流派の東大と明治大学の学生が先頭を切って国会内に突入しました。

このとき、デモ隊と警官隊の激突のなかで亡くなったのが樺《かんば》美智子さんです。

樺さんは東大文学部の学生でした。当日は大学のゼミに出席した後、デモに参加していました。彼女の死は「民主主義のために真面目な東大の女子学生がデモで死んだ」と、日本中に大きな衝撃を与えました。

池田勇人（1899-1965年）。1960年に首相となる。所得倍増計画を打ち出し日本の高度経済成長を牽引した立て役者。

世間に「真面目な女子学生」との印象を与えた樺さんですが、実は共産主義者同盟の活動家でした。全学連は「警官隊に殺された」と主張する一方、警察側は「国会突入の際にデモ隊が将棋倒しになり、彼女はその下敷きとなって圧死した」と発表し、両者の言い分は食い違っています。

一連の混乱により岸首相はアイゼンハワー大統領の訪日を延期要請せざるを得ませんでしたが、6月19日に新安保条約は自然成立。23日に批准書の交換・発効が行われると、翌7月、岸首相は内閣総辞職しました。大混乱を招いた上に、米大統領を招待できなかった責任を取ったのです。

そして池田勇人《はやと》が総理大臣になって所得倍増計画を打ち出すと、世の中の空気はがらっと変わりました。それまで「安保賛成か、反対か」でみんな殺伐としていた雰囲気が、「安保の話はもう終わり。これからはみんなで豊かになりましょう」と、政治から経済の時代へと一気に転換したのです。

岸前首相は冷たい雰囲気を漂わせたエリート然とした元A級戦犯容疑者だったのに対し、池田首相は当時の大蔵省に入省したものの若い頃に大病し、出世が遅れた苦労人というキャラクターの違いもありました。

これは安倍さん、菅さんの後に岸田さんが総理大臣に就任したときとよく似ています。安倍晋三首相時代は熱狂的な支持者がいる反面、蛇蝎《だかつ》のごとく嫌っている人たちも多く、世の中が大きく分断されました。

安倍さんの路線を引き継いだ菅義偉《よしひで》首相の時代は、霞が関の官僚たちが萎縮していました。いつ自分が首にされるかわからない怖さがあったからです。

ところが岸田文雄首相は、絶対に人の悪口を言いません。選挙運動の現場を取材すると、安倍さんは「悪夢のような民主党政権」などと言って激しく野党を批判しましたが、岸田さんはどこへ行っても野党の批判をしません。しびれを切らした安倍さんが、わざわざ「野党批判をしなさい」と言ったほどです。

そう言われた後に札幌で行われた岸田さんの演説を私は直接聞きましたが、野党に批判的な内容は「野党には任せられないでしょう」の一言だけでした。

人の悪口を言わない岸田首相が誕生して、野党と激しく対立した安倍首相の時代とは雰囲気は大きく変わりました。この雰囲気の変化は、岸さんから池田さんに政権が交代したときとよく似ています。

だからといって油断していると、問題のある政策がいつの間にかどんどん実施されていってしまうかもしれませんが。

60年代後半、先進諸国で学生運動が同時多発

話を「昭和の青春」時代に戻しましょう。

学生運動が再び盛り上がりをみせたのは60年代後半です。これは日本に限った話ではなく、先進諸国でほぼ同時多発的に発生したのが特徴です。

日本では68年に大学をめぐって大きな事件が立て続けに起きました。

その一つが東大紛争です。きっかけは学生たちが東大医学部卒業生のインターン制度改革を求めたことでした。その頃は医師国家試験を受ける前に、インターン制度でタダ働きをさせられたのです。

タダ働きはおかしい、医者としてきちんと待遇して欲しいと改革を求め、医学部の学

東大全学ストライキ。安田講堂前の決起集会に、手にプラカードを持って続々と詰めかける各部学生たち。

生たちが東大の学部長や病院長のところに押しかけました。

すると学部長は怒って「学生の分際でこんなことをするのは許せない」といって、押しかけた学生を大量に処分しました。

ところがそのなかに当日、福岡にいてアリバイがはっきりしている学生までも含まれていたのです。

「これはおかしい」とアピールするために、東大医学部の学生たちは安田講堂を占拠しました。すると当時の東大総長は驚いて機動隊を導入し、学生を排除したのです。

この機動隊導入が大きな反発を呼び、

医学部以外に紛争が拡大する要因となります。機動隊導入は大学自治の重大な侵害である、というわけです。

この点は平成や令和の若者にはピンとこない感覚かもしれません。当時は大学には独自の自治があり、警官が入るべきではないとの考えが強かったのです。

というのも戦前は政治、思想を取り締まる特高警察(特別高等警察)が学問の自由を弾圧し、「共産主義者ではないか」との疑いで次々に先生たちを逮捕した歴史があったからです。

戦後はこうした事態が起こらないように「学問の自由は、これを保障する」と憲法に規定されたのに、大学の総長が学問の府に警察を導入するとはどういうことか。そんな猛烈な反発が学生の間に生まれ、医学部の問題を超えて全学部が学生大会を開き、東大の学生たちはストライキに入りました。

学生運動に世間が同情的だった理由

東大紛争とちょうど同じ年に起きた、もう一つ大きな事件が日大紛争です。

きっかけは東京国税局が20億円にものぼる使途不明金の存在を指摘する新聞報道でした。

その頃の日本大学はとても学費が高かったのですが、それなのに入学定員の2倍から3倍もの学生を入学させていました。

現在は文部科学省が収容定員の基準を厳格化し、それを超えると補助金を打ち切るので、どの大学も定員を守ろうとしています。しかし当時の日大では、たとえば入学定員が1000人なら3000人を入学させるようなことが当たり前になっていました。

当然、4月の最初の授業は学生が教室に入りきらず、あふれ出してしまいます。それでも5月の連休明けくらいになると出席者が減ってちょうどよくなる、といったいい加減な運営をしていました。

我々から高い授業料を取って劣悪な教育環境しか提供していないのに、莫大な使途不明金があるとはどういうことだ。学生がそう怒るのは当たり前でしょう。

国税局の調査に対し使い道を明らかにしないと、そのお金は使途不明金の扱いになり課税されてしまいます。使い道を明確にして、国税局に経費と認められれば課税されないのに、当時の古田重二良《じゅうじろう》会頭はそれをしませんでした。

つまり、古田会頭は国税局に高い税金をかけられても、お金を何に使ったのかを秘密にする道を選んだわけです。

使途不明金が何に使われたのかは、はっきりしていません。古田会頭はその時の佐藤栄作首相と仲が良かったので、佐藤首相に政治献金をしていたのではないか。明確な証拠はありませんが、日大の学生たちはそう考えました。

我々の親が苦労して払った高い授業料を自分のポケットに入れたり、自民党に献金したりしたのではないか。憤った学生たちは神田にある日大本部に押しかけました。

そこに待ち構えていたのが体育会の学生たちです。その頃の日大は木刀や竹刀を持った体育会の学生たちが構内をパトロールして、たとえばスカートの丈が短い女子学生がいるとけしからんといって〝指導〟していました。

この体育会の学生たちは「大学に逆らうとはけしからん」といって、抗議に押しかけた学生たちを襲撃し、木刀や竹刀で袋叩きにしました。テレビや新聞が取材に来ているにもかかわらず、です。

テレビカメラの前で木刀や竹刀で殴られて血を流し、次々に救急車で運ばれていく学生たちの姿が全国ニュースで流れ、新聞で大きく取り上げられました。

抗議に押しかけて暴行を受けた学生は全体の一部でしたが、それを見た他の一般学生たちが「ひどいじゃないか」といって抗議に立ち上がり、一気にストライキに突入したのです。

日大では日本大学全学共闘会議が組織され、闘争が行われました。

世の中の人たちが日大の学生たちに同情したこともあって、日大紛争は激しい盛り上がりを見せました。

激しいやり取りの末、両国講堂で開催された全学集会で学生たちに吊るし上げられた古田会頭は、学生たちの改革要求を認め、責任を取って辞任することにしました。

ところがその翌日、佐藤栄作首相が「あのような学生の暴力は許せない」と表明すると、古田会頭は前日に全学共闘会議へ約束したばかりの内容をすべて撤回してしまいます。

そして、日大側は機動隊を導入し、警察が学生たちを片っ端から逮捕していきました。

激化する大学紛争に対し、佐藤内閣は「学生運動が野放しになっているのはおかしい。管理する法律をつくるべき」といって大学の運営に関する臨時措置法、通称・大学臨時措置法案を国会に提出しました。

こうした東大や日大の動きに呼応して、今度は、この法案提出に反対して全国の大学に学生運動が広がっていきました。各大学の学生自治会が学生大会を開き、「学問の自由を守れ」といってストライキを決議していったのです。

68年から69年に広がった学生運動に対し、世の中は同情的でした。

そのきっかけとなった事件があります。少し時間を戻しましょう。

67年10月、佐藤栄作首相はベトナム戦争中の南ベトナムを訪問しました。

ベトナム戦争は南北に分断されたベトナムの支配権をめぐる、ホー・チ・ミン率いる北ベトナムと、アメリカが支援する南ベトナムとの争いです。54年から75年まで21年間も続いた戦争で、65年からはアメリカが北ベトナムへの爆撃をはじめ、大規模な軍事介入を行っていました。

つまり、佐藤首相はアメリカを応援するために南ベトナムを訪問したのですが、その頃、アメリカ国内では反戦運動が盛んになり、日本でも「ベトナムの人がかわいそうだ」と反対する人がたくさんいました。

佐藤首相が日本を発つ日、「佐藤内閣はアメリカの味方をするのか」といって反対運動のために羽田空港へ押しかけた学生たちのデモ隊は、空港の手前の橋で機動隊と激しく衝突。そのときに京都大学の学生、山﨑博昭さんが亡くなりました。

山﨑さんは革命を目指す新左翼の党派の一つである中核派の活動家でしたが、死者が出たことは世の中に衝撃を与えました。

「ベトナムでたくさんの人を殺しているアメリカに佐藤内閣は手を貸すのか。学生たちが反対するのは当然だ」と、一挙に世の中の雰囲気は学生運動に同情的になったのです。

大学入試の中止で、受験生たちはどうしたか

盛り上がる学生運動はストライキによる授業中止をはじめ、さまざまな方面に影響を与えました。その最たる例が69年の東大と東京教育大学（現筑波大学）の入試中止です。

実は私も影響を受けた一人です。高校3年生だった私は、東京教育大学の文学部経済学科を目指していました。

時の佐藤政権からすると、その頃の東京教育大学は、執筆した日本史の教科書が文部省に検定不合格にされた家永三郎氏をはじめ、政府の言うことを聞かない先生がいる左翼の巣窟と見られていました。

そこで佐藤内閣は、東京教育大学を筑波（現在の茨城県つくば市）に移転させ、新しいタイプの大学をつくろうと考えていました。要するに佐藤政権は、東京教育大学を潰したかったのです。

これに対して学生たちが反発して筑波移転反対闘争が始まり、ストライキが起こされました。このストライキは長期化し、68年12月、別のキャンパスにありストをしていなかった体育学部を除く各学部の入試中止が決定されました。

突然、入りたいと思って勉強していた大学の試験がなくなってしまい、私は新たな受験先を考えなければいけなくなりました。

もともと私が東京教育大学を志望したのは、マルクス経済学のうちの労農派の先生がいたからでした。他に同じ学派の先生がいるのは東京大学の経済学部。そこで志望を東大に変更して勉強を続けていたら、69年1月に機動隊が安田講堂の封鎖解除を行ったものの混乱が続いたとして、こちらも入試中止になってしまいました。

2つの大学の入試がなくなって、受験生たちは大混乱です。当時の東大の定員は3000人くらいですから、受験者数はざっと見積もって1万人です。その1万人はどこへ行くのか？

その頃の受験生は国立大志向が強かったので、北海道大学や東北大学、京都大学を受験する人が多かったものです。あとは文系なら一橋大学、理系なら東京工業大学が選択肢になりました。

そこで私はマルクス経済学が学べる大学を探したところ、慶應義塾大学の経済学部がありました。

ただし、慶應義塾大学はマルクス経済学でも労農派ではなく、新講座派という別の学派でした。しかし経済学部長がマルクス経済学の先生で、かつ受験科目に数学がありました。東京教育大学を受験するために数学を勉強していたので、「マルクス経済学を学べるし、ちょうどいいかな」と思い入試を受けたところ、なんとか合格できました。

いまやマルクス経済学はあまり顧みられなくなってしまいましたが、当時の日本の経済学界は近代経済学とマルクス経済学で二分されているどころか、マルクス経済学を教える先生のほうが圧倒的に多かったのです。

これは日本に近代経済学が入ってくるのが遅れたのに対し、マルクス経済学は戦前から入ってきていたという違いが大きく作用しています。近代経済学は戦後、アメリカに留学して学んだ先生たちが帰国して、教える大学が増えていきました。

ただいまの学生に「近代経済学」といってもピンとこないでしょうね。現在では「マクロ経済学」と「ミクロ経済学」という科目に分かれています。

そもそもなぜマルクス経済学を勉強したかったのか。私は小学生のときから新聞記者になりたいと思っていて、政治経済を勉強するなかで高校生のときに『日本資本主義論争史』（小山弘健編）という本を読み、日本経済を分析するには労農派を勉強するのがよいのではないかと高校生なりに一生懸命考えたのです。

本音ベースでいうと、単に政治経済がとても面白かったのに加えて、高校生のときに数学が苦手になったので、高度な数学を駆使する近代経済学よりも数学をあまり使わないマルクス経済学のほうがよかった、という要素もありました。

志望大学の入試そのものがなくなるという混乱がありながら、私はなんとか大学への進学を果たしましたが、学生運動による混乱はまだまだ続きました。

慶應義塾大学も入学してから数ヵ月で、大学臨時措置法案の国会提出を受けて学生自治会がストライキに突入したのです。

運動に参加している学生たちは教室から机や椅子を持ち出して、日吉キャンパスの入り口に巨大なバリケードをつくっていました。教職員が立ち入れないようにして、自主管理を始めるためです。

ストライキに入ったので、大学へ行っても仕方がありません。その間、私は仲良くなった同級生と、経済学の本を一緒に勉強する読書会を開催したり、マルクス経済学やポール・サミュエルソンの近代経済学の教科書で独学したりしていました。

振り返ってみれば、私は独学の技法をこの時期に身に付けました。いまでも自分で本を読んで勉強をしているわけですが、それは大学がバリケード封鎖されて授業がなくなったために、はからずも身に付いたのです。

ベトナム反戦運動とパリ五月革命

私が直接体験したように、学生運動の影響による入試の中止や大学のバリケード封鎖、ストライキは学生に加え、社会にさまざまな影響を及ぼしました。

当時の世論はおおむね学生たちに同情的でした。「ちょっと過激なことをやっているかもしれないけれど、学生たちの思いは理解できる」という感覚です。

たとえば神田、お茶の水地域で機動隊と学生が激しく衝突し、機動隊に追われた学生が逃げ惑っていると少なからぬ店や住宅が匿ってくれました。日大全共闘にいたテリー伊藤さんも機動隊に追われたとき、喫茶店に匿ってもらったそうです。

機動隊との衝突やバリケード封鎖で大学占拠といった話を聞くと、現在の若者はなぜそこまで過激なことをしたのかと感じるかもしれません。

しかし当時の感覚としては、そうした行動が過激とは思っていませんでした。学生が抗議運動をするといったらストライキやバリケード封鎖して自主管理をするのが常識だったのです。

ちなみに現在の大学は机と椅子が床に固定されている教室が多いのですが、その頃は大教室や階段教室をのぞき、机や椅子は教室にただ置いてあるだけで簡単に持ち出しができました。

大学に固定された机と椅子が多くなったのは持ち出されてバリケードに使われないようにするためで、これも学生運動の影響です。

学生運動の盛り上がりは日本に限った出来事ではなく、先進諸国でほぼ同時多発的に起きた現象でした。

フランスのパリでは68年5月から6月にかけて、「五月革命」と呼ばれる学生の反乱を中心とした社会的危機が発生しました。

フランスでもベビーブーム世代が大量に大学へ進学するようになり、大学は以前と比べ急激に大衆化しました。しかし、大学はこの変化に対して対応が遅れ、増えた学生を収容するだけの十分な施設や環境を提供できませんでした。

フランスでは高校卒業資格であるバカロレアに合格すれば、全国どこの大学にも入学できます。そのためソルボンヌのような人気の大学に学生が殺到したためますます収容しきれなくなり、学生の不満が高まっていきました。

はからずもフランスでも入学したのに教室に入れない、授業を受けられない日本の日大と同じような状況が生まれていました。それがド・ゴール大統領のやり方への反発やベトナム反戦運動と結びついて一気に盛り上がり、パリの学生街であるカルチエ・ラタンで学生たちと警官隊との衝突が発生しました。

一方、ベトナム戦争の当事国であるアメリカでは徴兵制があったので、学生は大学を卒業すると軍隊に入隊し、ベトナムに送り込まれました。

ベトナムでは多くの兵士が亡くなっていたので、アメリカの学生たちにとってはまさに自分たちの問題としてベトナム反戦運動が起こり、多くの大学で反戦デモや反戦集会

『いちご白書』のラストシーン。1970年に公開。1960年代にコロンビア大学で実際に起きた学生闘争をもとにしたフィクション映画。カンヌ国際映画祭審査員賞を受賞する。(MGM)

が行われました。

アメリカには日本の機動隊のようなものがないので、いきなり州兵がやってきます。オハイオ州のケント州立大学では70年、反戦活動を行っていた学生に対して州兵が発砲し、4人が死亡する事件が発生すると、アメリカ全土に学生ストライキが広がりました。

この時の有名な写真があります。州兵に撃たれて倒れた男子学生の横で女子学生が泣き叫んでいる姿を写した一枚で、ピュリッツァー賞を受賞しています。

この頃の学生たちの様子を描いた映画が『いちご白書』です。軍の関連施設建設に反発しストライキを起こした学生たちが、警官隊に押しつぶされていく青春ドラマです。

アメリカやフランス、日本のほか、ドイツやイタリアでも学生運動が起こりました。同時多発的に学生たちの異議申し立てがこの時代に発生したのです。

他方では大学生に触発されて、高校でも学生運動が起こるようになりました。都立青山高校で生徒が校舎を占拠して機動隊が導入されたのをはじめ、全国各地の進学校で同じような事態が生じました。世界的な学生運動の潮流は、日本の高校生にまで波及したのです。

ただし高校の学生運動は、もちろんベトナム反戦運動の影響もありましたが、さまざまな旧体制に対する反発の側面が強いものでした。受験体制反対、制服反対という具合です。

そのためこの時期、都立高校の多くで制服が廃止されましたが、近年になって復活している学校が少なくありません。

学生運動が急速に勢いを失った理由

世界的な潮流のなかで大きく盛り上がった日本の学生運動ですが、不思議なことにその後、急速に勢いを失っていきました。

なぜでしょうか？

結論からいえば活動の基盤を失ったからです。順を追って説明しましょう。

学生運動が盛り上がれば盛り上がるほど、一般の学生もストライキやデモに参加してくるようになります。すると学生活動家は「この連中をオルグして組織を拡大しよう」と考え、一生懸命勧誘します。オルグとは組織を拡大するために、宣伝や勧誘活動を行うことです。

ところが学生自治会は全員参加で民主的に運営をしなければいけないので、一般の学生が増えると活動家の学生たちは過激な行動ができなくなります。そこで「意識の高いメンバーで運動しよう」となって、あちこちの大学で全学共闘会議、略して全共闘がつくられました。

この動きはロシア革命時のソビエトとよく似ています。ソビエトとはロシア語で評議会のことです。

1905年に第一次ロシア革命が起こったとき、ロシア皇帝の妥協によりドゥーマという議会がつくられました。しかし議会は選挙で選ばれた議員によって運営されるため革命なんか起こせない、これでは生ぬるいといってレーニンやスターリンは自主的な労働者や兵士によるソビエトをつくり、スローガンに「すべての権力をソビエトへ」を掲げました。

1917年の第二次ロシア革命において、このソビエト方式でできた国がソビエト社会主義共和国連邦です。

日本でもソビエト方式の全学共闘会議が次々に全国の大学につくられていきました。全学共闘会議にはさまざまな学生組織が参加していました。「考え方は違うけれど、とりあえず全共闘では一緒に活動しよう」というわけです。その一方で、各派による主導権争いがはじまるわけですが。

さらに全国組織として全国全共闘が結成され、東大全共闘の山本義隆氏が議長、日大全共闘の秋田明大《あけひろ》氏が副議長になりました。

他方で共産党系の日本民主青年同盟という青年組織は、過激なことを一切しない路線で他の全共闘と敵対していました。

このように全共闘運動は拡大していきましたが、学生がストや授業のボイコットを続けていれば、自ずとみんな留年する結果が待ち受けています。

「このままだと留年になってしまう」と恐れた一般学生は腰砕けになり、次々にストライキが解除になったり、学生がいない間に大学が機動隊を呼んでバリケードを撤去したりしていきました。

結果、学生運動の猛烈な嵐が吹いていた大学は正常化し、以前のように授業が行われるようになりました。

これにより全共闘は大衆的な基盤を失い、より過激な闘争に走るようになりました。さらにはごくわずかな路線の違いで、陰惨な内ゲバを始めました。「内ゲバ」とは「内部ゲバルト」の略で、ゲバルトはドイツ語で暴力の意味。新左翼と呼ばれる党派間や組織内での暴力抗争を指します。

とくに激しかったのが革マル派と中核派の争いです。この両派はもともと同じ革命的共産主義者同盟という新左翼の党派でしたが、近親憎悪とでも言いましょうか、お互い憎しみ合い、殺し合いが起こりました。

もう一つ、社青同解放派という党派があります。ここは日本社会主義青年同盟という社会党の青年組織に、考え方のまったく違う過激な組織が自派の仲間を増やすためにあえて加入して組織拡大を狙う「加入戦術」が行われ、やがてそこを飛び出してつくられました。

革マル派と解放派との間でも殺し合いが起こりました。中核派対革マル派、革マル派対解放派の殺し合いです。『中核VS革マル』(立花隆)という本によると、殺された人数は31人(75年7月時点)にのぼります。

こうなると一般の学生は「冗談じゃない」となって、まったくついていけなくなります。「あの連中は何をやっているんだ」と、世の中からの視線も冷ややかになりました。

あさま山荘事件と学生運動の終焉

さらに学生運動の退潮を決定的にさせたのは、72年2月のあさま山荘事件です。クレーン車の鉄球で山荘の建物を破壊する映像は非常に有名です。

1972年に、あさま山荘に連合赤軍の残党が人質を取って立てこもる。クレーン車の鉄球で山荘を破壊する警察側の作戦など日本中がテレビにくぎ付けになった。

人質を取って山荘に立てこもっていた活動家が捕まった後、実は群馬県の山中の山岳アジトを転々とする中、仲間内で凄惨なリンチ殺人をしていたことが発覚。これで学生運動は一気に下火になりました。

あさま山荘事件に至る前も、さまざまな血なまぐさい事件が起きています。学生運動が力を失うまでの流れをみていきましょう。

大学ストライキが解除され、大衆的な基盤を失っていった活動家たちは、だんだん過激になっていきました。「こんなことをやっていても仕方がない。すぐ革命を起こすべきだ」と。

共産主義者同盟から分裂してできた赤軍派は「赤軍」、つまりロシア革命の軍事組織である赤軍をつくって直ちに革命を起こさなければならないと考えました。

首相官邸を襲撃して占拠し、当時の防衛庁を占拠する。そうすれば労働者たちが立ち上がり、警察では手に負えなくなり、政府は自衛隊を出動させるだろう。そうしたら自衛隊の戦車を占拠しよう。自衛隊員はもともと労働者階級出身だから、我々の運動に同調するに違いない――。

改めて見ると、ずいぶん自分勝手な夢物語です。現実味のない、夢想に過ぎない話ですが、ロシア革命のときは軍隊が革命側について、武力革命が成功しました。赤軍派はその再来を日本でも夢見たわけです。

赤軍派は首相官邸などを襲撃するため、軍事訓練を山梨県の大菩薩峠で大規模に行っていました。しかし、警察がこれを察知します。あらかじめマークしていた高校生を警視庁の私服警察官が尾行したところ、高校生の行先は大菩薩峠で、そこで赤軍派が軍事訓練を行っているのを見付けたのです。

警察はびっくりして、軍事訓練に集まっていた連中を凶器準備集合罪で根こそぎ逮捕しました。これが69年11月の大菩薩峠事件です。武力革命を日本で起こすという赤軍派の勢力はこれで大打撃を受けます。

逮捕を免れたメンバーたちが次に考えたのは、世界同時革命です。世界に革命の拠点をつくっていこう。それにはまず革命政権が成立していたキューバに行きたいが、キューバへの直行便はない。ならば北朝鮮があるじゃないか。北朝鮮で軍事訓練を受けさせてもらい、武器を持って日本に帰り革命を起こそう――。これもまた、自分勝手な夢物語です。

その頃の北朝鮮は鎖国のような状態で、どんな国なのかよくわかりませんでした。一方、当時の韓国は朴正熙《パクチョンヒ》の軍事独裁政権で、少しでも政府に反抗すると片っ端から逮捕されていました。

そのため韓国と比べたら北朝鮮はよい国だと勘違いをする人たちがいました。赤軍派もまた、こんな勘違いをしていたのです。

革命のために北朝鮮への渡航を狙った赤軍派の残党は、日本航空のよど号を乗っ取りました。これが70年に起きた、よど号ハイジャック事件です。

「よど号」という名前を聞いて、船の乗っ取り事件かと勘違いする人がたまにいますが、当時の日本航空は飛行機の数が少なかったので、一つひとつの飛行機に愛称がつけられていました。よど号と同じ機種には愛称として河川の名前がつけられていて、よど号の「よど」は淀川からきています。

そんなまだ飛行機が少なかった時代に赤軍派は模造拳銃や模造刀を持って搭乗し、よど号をハイジャックして北朝鮮に行ったきり消息を絶ち、行方不明になりました。

なお、この事件をきっかけに、飛行機に搭乗する際のセキュリティチェックが世界中で始まりました。日本は「テロ対策先進国」なんですね。

一方、残された赤軍派のメンバーもいて、彼ら彼女らも考えました。世界同時革命の拠点はどこにつくるのがよいか。パレスチナだ。アメリカの支援を受けたイスラエルと戦っているパレスチナがあるじゃないか、と。

パレスチナはPLO（パレスチナ解放機構）のなかにいろいろな派閥があり、マルクス・レーニン主義の考え方の勢力もありました。それがPFLP（パレスチナ解放人民戦線）で、赤軍派はPFLPとの連携を考えました。

72年5月、このグループの3人はパリでエールフランス航空機に搭乗し、ヨーロッパで手に入れた機関銃や自動小銃、手榴弾を飛行機に預けました。その時はまだ飛行機に預ける手荷物のチェックはなかったのです。

向かった先はイスラエルのテルアビブ。空港に到着し、預けた手荷物がベルトコンベ

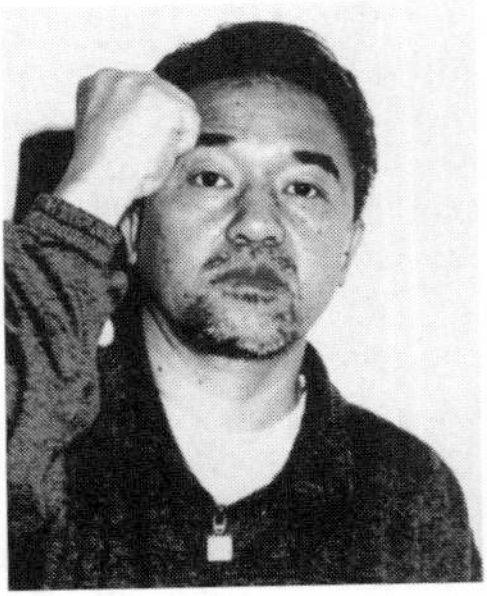

岡本公三（1947年-）。1972年、テルアビブ空港乱射事件の実行犯、日本赤軍のメンバー。一人だけ生き残る。

アで運ばれてくると3人はその場でおもむろに自動小銃を取り出して、居合わせた乗降客に対し無差別に乱射を始めました。

イスラエルの治安部隊が到着すると銃撃戦になり、3人のうち2人が死亡、岡本公三だけ、けがをして捕まりました。

この事件はテルアビブ空港乱射事件と呼ばれ、24人が死亡し80人以上が負傷する大惨事となりましたが、パレスチナにおいて岡本公三は英雄となり、パレスチナの難民キャンプでは生まれた子供に「コーゾー」と名前をつけるのが流行りました。

私がNHKを辞めてフリーランスになってパレスチナの難民キャンプに取材に行った時も「お前は日本から来たのか。じゃあオカモトを知っているか」とよく聞かれたものです。

また、テルアビブ空港乱射事件をきっかけに、飛行機に預ける手荷物のX線検査が行われるようになりました。

海外に出た赤軍派は日本赤軍を名乗るようになり、パレスチナゲリラと一緒に各地で飛行機のハイジャックをしたり、マレーシアのクアラルンプールでアメリカ大使館の占拠事件を起こしたりしました。

一方、国内に残っていた赤軍派のメンバーが他の新左翼組織と合流してできたのが連合赤軍で、前述したあさま山荘事件を引き起こし、陰惨な仲間内のリンチ殺人が発覚します。

学生たちの挫折と転向

一時は日本全国の大学を席巻した学生運動が何をもたらしたかといえば、何も変わりませんでした。大学にバリケードを築いてストライキを行い、熱狂のなかで「いずれ革命がくるんだ」と信じていたのに、選挙をやれば自民党の圧勝です。結局世の中は変わらなかったのです。

パリ五月革命の起きたフランスでもその後、選挙でド・ゴール政権が圧勝しました。ただし、世の中に変化がなかったかといえば、そんなことはありませんでした。

私は68年当時、パリで大学を占拠して警官隊と戦っていた男性にインタビューをしたことがあります。彼の話によると、五月革命をきっかけにフランスの世の中はがらっと変わったそうです。

大きく変わったのは女性の地位です。五月革命以前のフランスでは女性の地位は低く、おしとやかにスカートをはいて、男の言うことを聞いていればよいとされていました。だから当時のフランスには花嫁学校があちこちにありました。

それが五月革命で男子学生と一緒に大学に立てこもったり、あるいは自由恋愛で結婚前の男女がつきあったりするようになると、世の中の考え方が劇的に変わっていきます。スカートをはいていた女性たちは活動的なジーンズに着替え、女性の地位は急激に向上していきました。

フランスはそのように変わったのに対し、日本では挫折感や無力感が強かったと思います。自分たちがやったことが何にもならないだけでなく、一緒に戦っていた連中が仲間同士で殺し合いまで始めてしまった。とてもじゃないがついていけない――。

そして反体制を標榜していたような学生も大学4年になると就職活動をはじめ、卒業して「企業戦士」となっていきました。これを「転向」といいました。

学生運動が退潮になった頃にヒットした、バンバンの『『いちご白書』をもう一度』という転向を題材にした歌があります。

その歌詞のなかに「就職が決まって髪を切ってきた時」という一節が出てきます。それまでは長髪で学生運動をしてきたが、やはり就職をしなければいけないから髪を切った、というストーリーで、その頃の学生の挫折感をうまく表現しています。

とはいえ、学生運動に挫折したといっても結局のところ、大多数の学生はノンポリだったということです。過激な事件がニュースになっていましたが、どっぷり学生運動に浸かっていたのは一握りで、多くの人はデモやストライキがあると喜んで参加する一方、普通に若者らしく遊んでもいて、卒業の時期がきたらせっせと就職活動をして社会人になっていったのです。

その一方、企業側からすると学生運動に深く関わっていた学生は採用したくありません。いまでは信じられないことですが、学生運動家が入社するのを恐れた企業は内定を出す前に、興信所を使って学生運動をしていなかったか調査をしていました。

だからご近所さんから「お宅の息子さんのことで興信所がきましたよ」といわれると、内定が出されるサインでした。学生運動にどっぷり浸かっていた人は「まずい」と思ったかもしれませんが、そうでない人は「内定が出るぞ」と思ったものです。
そして首尾よく企業に入社した学生は企業戦士となり、モーレツに働いて会社や日本経済の成長を支えていくことになります。

【参考文献・資料】

佐々木毅・鶴見俊輔・富永健一・中村正則・正村公宏・村上陽一郎『戦後史大事典　増補新版』三省堂

老川慶喜『もういちど読む山川日本戦後史』山川出版社

矢野恒太記念会『数字で見る日本の100年　改訂第7版』

昭和六三年警察白書「第1節　極左暴力集団等の変遷」
https://www.npa.go.jp/hakusyo/s63/s630101.html

公安調査庁「日本赤軍」
https://www.moj.go.jp/psia/ITH/organizations/E-asia/nihon-seki-gun.html

第２章　青春の高度経済成長

人々の生活を劇的に変えた「三種の神器」

国会議事堂を大勢のデモ隊が取り巻き、警察との衝突で死者まで出した60年安保闘争も新安保条約が批准されて収束し、岸信介の後をうけて池田勇人が首相に就任すると世の中の雰囲気は驚くほど様変わりしました。殺伐とした政治対立の時代から、みんなが経済的に豊かになる高度経済成長期への突入です。

自民党が選挙で出したテレビＣＭで、池田首相は「これから10年間で皆さんの所得を倍にします。私は嘘を申しません」と言いました。当時、小学生だった私は子供心に「不思議なことをいう人だ」と思ったのを覚えています。「総理大臣が嘘をいうわけがないだろう」と。大人になってやっと、政治家がわざわざそう発言する意味がわかりましたが。

１９６０年に決定された池田内閣の目玉政策である「国民所得倍増計画」は、実質国民総生産を10年以内に2倍にすることを目標に掲げました。道路や港湾といった社会インフラを整備することで経済を発展させようという構想でした。

結果からいえば、実際には10年かからずたった7年で国民所得は2倍になりました。こうなると世の中の雰囲気は非常に明るくなります。世の中を分断するような厳しい政治的な対立はなく、去年よりも今年のほうが給与と生活がよくなり、来年はもっとよくなるだろうと未来に希望が持てました。

高度経済成長期に入ると、人々の身の回りの生活は大きく変わりました。

まず私が小学生のときに、電気洗濯機が我が家にやってきました。60年代の洗濯機ですからただ洗濯物がぐるぐる回るだけ。脱水機能はありませんでしたが、その様子をひたすら眺めていたものです。

次にやってきたのが電気冷蔵庫です。それまでも冷蔵庫はありましたが、電力で冷却するのではなく氷屋さんから氷を買ってきて、それを上部にある氷入れに入れ、下に降りてくる冷気で冷やすという代物でした。せいぜい中に入れたものを氷の冷気で腐らないようにする、というレベルのものだったのです。

ところが電気冷蔵庫は氷そのものをつくることができるし、牛乳やジュースを冷やして飲むこともできる。冷凍庫でアイスクリームを溶けないように保存もできる。これは劇的な変化でした。家では常温のぬるい飲み物しかなかったのに、冷えた飲み物がいつでも飲めるようになったのです。

これとまったく同じ変化が80年代の中国でも起こっています。それまで中国ではビールは生ぬるいまま飲むものでしたが、冷蔵庫が普及することによって人々は冷えたビールの美味しさを知り、ビールをはじめ飲料の消費量が爆発的に増加しました。

当時普及していったのが白黒テレビです。実況生中継された59年の皇太子ご成婚パレードをきっかけに、テレビの売り上げは急増しました。

テレビが家庭に入っていくと、企業はテレビＣＭに力を入れるようになります。たとえばお菓子を美味しそうに食べる様子がＣＭで流されると、それを見た人は消費意欲を刺激されて買いに走るので、爆発的に販売数が増えました。テレビの普及は大量生産、大量消費を後押しする役割を果たしました。

電気洗濯機、電気冷蔵庫、白黒テレビは「三種の神器」といわれ、電気掃除機と合わせ日本人の生活を大きく変え、とりわけ主婦の負担を軽くしました。

三種の神器が登場する前の主婦の家事負担がどれだけ重労働だったか、経験のない人たちにはあまり想像がつかないと思います。

朝、夫と子供を送り出すと、当時の主婦は水を張ったたらいに洗濯物をつけ、洗濯物に石鹼をつけて洗濯板で一枚一枚ゴシゴシ洗って汚れを落とし、自力ですすいで水分を絞っていました。

ところが電気洗濯機が登場すると、洗濯物を機械に突っ込んでスイッチを押すだけでやってくれるようになったのです。

買い物も電気冷蔵庫が普及する前は買い置きができないので、毎日八百屋や肉屋、魚屋を回って必要なものを買い揃えなければいけませんでした。

それが電気冷蔵庫で生ものでも保存がきくようになると買い置きができるようになり、以前ほど頻繁に買い物に行く必要はなくなりました。また、スーパーマーケットの登場で、一ヵ所ですべての買い物が済むようになったのも、利便性の大きな向上になりました。

このように主婦の家事労働が急激に軽減されると時間的、肉体的な余裕ができるようになり、家族でどこかへ遊びに行ったり働きに出たりと、女性が活躍する余地の広がりにつながっていきました。

街から痰吐き、立ち小便が消えた

よく日本の街は清潔でゴミが落ちていないと海外からやってきた外国人に称賛されますが、昔からそうだったわけではありません。

私が子供の頃はみんな何かを食べるとあたり構わずゴミをポイ捨てするのが当たり前で、通りはゴミだらけ。そこら中にぺっぺと痰を吐くのは見慣れた光景で、男たちは平気であたり構わず立ち小便をする始末でした。公衆トイレが整備されていなかったので、酔っ払いはその辺で適当に立ち小便していたのです。

だから新宿の思い出横丁などは尿の臭いが充満し、「しょんべん横丁」と呼ばれていました。いまでも各地の繁華街にしょんべん横丁という名称が残っているのは、その名残です。

飲み屋街の近所の人は家の前で用を足されては困るので、自宅の壁の下のほうに赤い鳥居の絵を描いたものです。酔っ払いでも神様に向かって立ち小便はしにくいだろう、ということで。

そんな東京の街が劇的に変わるきっかけになったのが、64年の東京オリンピック開催です。

当時の記録映像をみると、千代田区の三宅坂交差点から表参道、渋谷を通る国道246号線は道幅が狭くゴミだらけで、風が吹くとゴミが舞うような状態でした。ちょっと前の中国と同じような光景だったのです。

オリンピック開催で海外からお客さんをお迎えするのにこれでは恥ずかしい。そこで「ゴミはゴミ箱に捨てましょう」という一大キャンペーンがはじまって、246号線沿いにゴミ箱が設置されていきました。同時に246号線の車線は2倍に拡張されました。つまり、以前はいまの半分しかない狭さだったのです。

一方、痰をところ構わず吐き出すのはやめましょうということで痰つぼが設置されたり、「立ち小便はやめましょう」というチラシを東京都が全戸に配布したりしました。このチラシは江戸東京博物館で実物を見ることができます。

モラルやマナーの向上が図られながら、東京ではオリンピック開催に向けてインフラ整備が進められていきました。

その代表的なものが首都高速道路です。もともと東京では急速に交通量が増えたため

1964年に開催された東京オリンピック。開幕に間に合わせるように行われた首都高速道路建設の風景。写真は皇居前。

首都高速道路が計画されていましたが、59年に東京オリンピック開催が決定し、開催までの短期間でオリンピック関連の高速道路を開通させる必要に迫られました。

限られた時間のなかでは、土地の買収をしている暇はありません。というわけで利用されたのが河川や国道の上空です。たとえば日本橋の上に高速道路が通っているのはこのためです。いまになって高速道路を地下化して日本橋の空を復活させようと大工事が始まっていますが、街の外観など関係なくとにかく急いでつくらなければいけなかったのです。

いまから見ると首都高速道路の設計には欠陥があります。東京の外側から都心に向かうには、まず環状線に乗ってぐるっと回り、目的地で降りるという、ヨーロッパのラウンドアバウト（環状交差点）のような動き方をします。交通量が少ない時代はこのやり方で問題なく快適に運転できましたが、自動車の数がどんどん増加すると環状線に入るところで大渋滞が起こってしまうのです。

そのため東京外郭環状道路の整備や首都高速中央環状線が地下につくられたりしました。

新幹線もオリンピック開催に合わせるように、開業が急がれました。何しろ東海道新幹線の開業が10月1日で、オリンピックの開会式が10月10日だったのです。

元をたどれば東海道新幹線は戦前の弾丸列車計画に源流があります。この計画は第二次世界大戦で中止になりますが、戦後になり東海道本線の輸送量の増加にともない新幹線計画が進められました。

「日本には道路がない」と米国に言われた理由

高度経済成長の基盤となったのは、これらのインフラ整備でした。戦争で主な港はすべて破壊されていたので、まず港湾を整備して貨物船が接岸できるようにする。そうしてやっと海外と輸出入ができるようになりました。

道路交通網の整備も進められました。56年、アメリカの調査団が日本の道路を調査しにきたことがあります。彼らはアメリカに戻ると日本には道路がない、あるのは道路予定地だけだと報告しました。

どういうことか。その頃は多くの道路が舗装されていなかったからです。アメリカでは舗装されていない道路は道路といわない、だから日本にあるのは道路予定地ばかりという話です。実際、国道でも自動車が走ると砂ぼこりが舞って大変でした。

そんな貧弱な道路網がアスファルトで舗装されると、物を運ぶスピードが速くなり、量もたくさん運べるようになります。東名高速道路や名神高速道路など、主要な大都市間を結ぶ大規模な高速道路網の建設も進められました。

日本中で急速に物流網が整備されると、必要としている客に商品をスムーズに届けられるのはもちろん、物流コストはより低下し、物のコストも安くなります。コストが安くなればさらに物が売れ、企業はより利益を出せるという好循環が生まれました。

戦争に負けてお金のなかった日本は、道路整備に必要なお金を世界銀行から借りました。東名高速や名神高速のほか東海道新幹線などの建設は、世界銀行の支援があって実現できたものです。

インフラが整備されて土地の価値が上昇すると、農地を転用してビルや建売住宅にするところが増えました。土地を売った農家の人たちは多額の現金を手にしました。

お金持ちになった農家の人たちをヨーロッパ旅行に連れていく、農協ツアーが始まりました。

農協ツアーはたいていパリへ行き、ブランド品を片っ端から買い集めるのが常でした。その頃、海外旅行は現在のように簡単にできるものではなかったので、一族郎党が羽田空港まで見送りに来て、餞別までくれました。その人たちにお土産を買って帰らなければいけないので、農家の人たちはブランド店の商品を買い漁《あさ》ったのです。

また、ヨーロッパのホテルでは当然、洋式の水洗トイレですが、和式の汲み取り式便所しか知らない人は使い方がわかりません。便座の上に座らずまたがろうとして転倒する人が出たり、部屋のドアが自動ロックされるのを知らないままステテコ姿で廊下に出てしまい、部屋に戻れなくなってロビーをうろうろしたりと、ヨーロッパの人たちから見ると常識外れの行動をする人が続出しました。

その結果、パリの大きなホテルに日本語で「下着姿で出歩かないで下さい」という張り紙が出されてしまったほどです。

本当に恥ずかしい話ですが、その後、経済発展を遂げた韓国の人たちは90年代に農協ツアーの日本人と同じようなことを、そして2000年代に入ると中国の人たちが海外で同じようなことをやらかしました。

それまであまり海外に行った経験のない国の人たちが海外旅行に行き始めると、さまざまな摩擦が生じてしまうわけです。

自動車の普及と「交通戦争」の勃発

前述した三種の神器に続き、人々の生活をより良くする商品はその後もどんどん登場してきました。それがクーラー、カラーテレビ、車（CAR）の新・三種の神器で、3Cとも呼ばれました。

クーラーが会社のオフィスに入るようになると、夏の暑い時期はみんな喜んで残業をするようになりました。まだ家庭には普及していなかったので、オフィスにいたほうが快適に過ごせたからです。

残業が一段落して帰宅すると、ちょうどいい涼しさになっているという具合です。いまはヒートアイランド現象で夜になっても都市部の夜は暑いままですが、その頃は夜遅くなると気温は下がっていたのです。

カラーテレビが普及する過程では、カラー放送の番組と白黒放送の番組が混在していました。私がNHKに入局した1973年頃は、まだかなり白黒放送が多かったのです。

教育テレビは、理科の番組はカラーで放送しましたが、それ以外は白黒でした。理科は「リトマス試験紙の色が変わりました」などと、色が大切な場面が多かったからです。

当時の新聞のラジオ・テレビ欄を見ると、番組によって「カラー」と書いてありました。カラーとある番組はカラー放送、ない番組は白黒放送。そんな時代でした。

白黒とカラーどちらの視聴者もいるので、配慮も大切でした。私が島根県の松江放送局でニュース解説をしているときは「ご覧の赤い部分、白黒テレビではグレーに見えますが」といった注釈をわざわざ入れたものです。「赤い部分」だけでは、白黒テレビの視聴者から抗議がくるからです。

自動車は、私が少年の頃はまだ珍しいものでした。中学生のときに近所の人が購入し、乗せてもらったのが個人的に初めての自動車体験です。ただし国産車ではなく、フランスのルノー製でした。日本メーカーの自動車は後に世界を席巻しますが、そのときはまだしっかりとした品質の製品が出ていませんでした。

当時は一般的だったのに、最近はすっかり聞かなくなった言葉に「エンコ」がありました。エンコとはエンジン故障のこと。国産メーカーの車はオーバーヒートなどでエンコが頻繁に発生したので自動車を道端に止め、運転手がボンネットを開けて修理をしている光景は日常茶飯事でした。

「エンスト」も最近は聞かなくなりました。エンジンストールの略で、意図せずエンジンがストップしてしまった状態のことです。エンコもエンストも耳にしなくなったのは、メーカーの品質向上の努力の結果です。

高度経済成長のなかで日本の自動車生産は増加し、日曜日になるとマイカーでドライブに出かける人たちも増えました。一般大衆に自動車が広まっていくモータリゼーションが進んだのです。

その副作用として増加してしまったのが交通事故でした。道路や信号、標識などの整備が追い付かず、横断歩道もちゃんと用意されていない上に交通ルールが浸透しておらず、みんな自分勝手にそこら辺で道路を横断していたため交通事故による死者、負傷者が急増。59年に交通事故による死者は1万人を突破してしまいました。

その後も死者数の増加は止まらず、「交通戦争」という言葉まで生まれたほどです。70年には1万6765人もの死者が出ています。日清戦争の日本軍の戦死者が1万3000人ですから、まさに戦争と同じレベルというわけです。

昔は自動車で来店した客に対し、飲食店が普通に酒を出していました。飲酒運転が横行していたのですから、事故が増えるのは当然すぎるほど当然です。

運転者のモラルやマナーもひどかった。クラクションを鳴らしながら「どけ、どけ」と無謀な運転を行うタクシーに乗ると、生きた心地がしませんでした。64年オリンピックの前は東京の街はクラクションだらけでしたが、騒音規制法の制定や厳しい取り締まりによって減少していきました。

途上国へ行ってタクシーに乗ると、昔の日本と同じようにクラクションを鳴らしながら荒っぽい運転をします。ジャカルタやテヘランはそうでした。少し前の北京もクラクションがうるさかったのですが、最近はそうでもありません。

運転マナーの問題はどこの国でもモータリゼーションの進展にともなって発生します。現在はさまざまな取り組みを通じて運転マナーが向上した日本も、昔はかなりひどい状況があったのです。

バナナは贈答品、卵は病気の時だけ食べられるもの

三種の神器や3Cが人々の暮らしぶりを大きく変えるなかで、日々の食生活にも大きな変化がありました。

たとえばトマト。私が子供の頃はトマトに塩をかけて食べていました。その頃のトマトはとても酸っぱかったので、少しでも甘みを引き出すためです。

ご馳走だったのはマクワウリですが、若い人は見たことがないかもしれません。あっさりした甘さの小さいメロンのようなものです。その後、メロンが店に並ぶようになる

と、その濃厚な甘さにびっくりしたものでした。

現在は安い値段で購入できるバナナは高級品で、特別な贈答品に使われていました。輸入制限が設けられていたためで、63年に輸入が解禁されて一般に普及していきました。

物価の優等生といわれる卵も貴重品でした。50年代からつい最近まで卵は1個10円台でしたが、現在と当時の10円では価値が大きく異なります。いまのように毎日食卓に上るなんてことはあり得ず、子供が風邪をひいて熱を出すと栄養をつけるために食べさせてもらえる貴重な食べ物でした。

このように既存の食べ物が改良されたり高級品が一般化したりするとともに、それまでになかった種類の食べ物が登場し、一気に普及したものもあります。

その代表例がインスタントラーメンです。

家庭でラーメンを食べようと思ったら生麺を茹で、スープをつくるところから始めないといけません。

しかし日清食品の安藤百福《ももふく》が開発したチキンラーメンは袋から取り出した麺をどんぶりに置き、熱湯を注いでふたをして3分待てばすぐに食べられました。手軽に家庭でラーメンを食べられるのは衝撃的でした。しかも日持ちがよくて、保存がきく。チキンラーメンは大ヒットし、次々にインスタントラーメンに参入する企業が増えていきました。

さらにインパクトが大きかったのがカップ麺です。日清食品が71年に発売したカップヌードルが最初の商品です。どんぶりを使わず、カップにお湯を注ぐだけで食べられます。

お湯さえあれば食べられる簡便性は、72年2月のあさま山荘事件で大いに発揮されました。冬の猛烈に寒い軽井沢で、ほぼ徹夜で山荘を包囲している機動隊員に非常用食料を与えようとカップヌードルが配られたのです。

雪の山中で温かいカップヌードルを食べる機動隊員の姿は繰り返しテレビ中継で映し出され、「あれは何を食べているんだ?」と注目を浴び、カップヌードルは爆発的に販売数を伸ばしました。

こうした商品を消費者が簡単に手に入れられるようになったのは、スーパーマーケットをはじめとする流通業の発展が大きく寄与しています。

私が子供の頃、買い物は家族経営の小さな小売店に行っていました。たとえば肉屋に行って合い挽き肉を200g買い、次は魚屋へ寄って「今日は何がおすすめ?」と聞き、「新鮮なサンマが入ったよ!」と教えてもらってそれを買う、という具合でした。新米の主婦は魚屋で三枚におろす方法を教えてもらったりしたものです。

それに対し、スーパーマーケットは一ヵ所で欲しい商品をまとめて買い揃えることができ、個人商店に比べ品揃えも圧倒的に豊富です。「よい品をどんどん安く」供給して消費者の支持を得たスーパーマーケットは、高度経済成長期にどんどん増えていきました。ダイエーをはじめとするスーパーマーケットの発展については、後の章で詳しく触れます。

アメリカ文化を持ち込んだマクドナルド

この頃はいまではメジャーになっている海外の商品や飲食チェーンが普及した時代でもあります。

私がはじめてコカ・コーラを飲んだのは大学3年のときでした。戦前からコカ・コーラは日本で発売されていましたが、戦後、原液を輸入するには外貨割当の壁があるなどの問題で、大規模な展開ができるようになるまでには時間がかかりました。

コカ・コーラをキャンパスで仲間と一緒に飲んでみると、「なんだ、この薬みたいな味は。こんなものをアメリカ人は飲んでいるのか」と呆れましたが、慣れてくると、この味がだんだん病みつきになっていきました。

ケンタッキーフライドチキンが日本にはじめて上陸したのは70年の大阪万博への実験店出店で、その後、急速に店舗を増やしていきました。私がはじめて食べたときはやはり「なんだ、フライドチキンって鶏のから揚げじゃないか」と思いましたが、こちらも人気になっていきました。

商品だけでなく、食文化や食べ方のスタイルまで含めインパクトがあったのはハンバーガーのマクドナルドです。

マクドナルド日本1号店のオープンは71年。場所は銀座三越の1階でした。日本の流行の発信地である銀座のど真ん中にいきなり店を構えたのです。

その頃の日本ではハンバーガーはもちろん、牛肉の輸入規制があったのでビーフ100％のメニューは馴染みがありませんでした。

銀座の1号店には多くの客が訪れ、休日の歩行者天国でハンバーガーを食べ歩く人の姿が見られました。一方で「歩きながらものを食べるとはとんでもない」と怒り出す人もいて、それも話題になりました。その頃の常識では、歩き食いは顰蹙《ひんしゅく》を買う行為だったのです。

こうした海外のチェーン店が入ってくるとともに、日本でもファミリーレストランのすかいらーくが70年に開業するなど、この時代に外食産業が急速に発展していきました。

汲み取り式便所が当たり前、水洗便所は珍しかった

人口の増加や地方から都市部への人口流入などで、「昭和の青春」時代は住宅不足でした。住宅の量も質も足りていませんでした。

私が73年にＮＨＫに入り松江放送局に配属されたとき、住んでいたのは文字通りの下宿でした。ご主人が県庁で働いている家庭の2階の間借りでした。

共同玄関からトントンと階段を上がったところに3部屋あって、それぞれ別の下宿人が住んでいました。もちろん風呂、トイレは共用です。仕事が終わり帰宅するのは夜11時くらい。こんな夜遅くに風呂に入るわけにはいかないし、銭湯もそんな夜遅くまで営業していないので、ＮＨＫの当直者用の風呂を利用していました。

そんな頃、松江に初めてマンションができ、地域で話題になりました。賃貸用マンシ

ョンで賃料が高く、申し込んだのは給与が高い新聞記者だったのを覚えています。

高度経済成長期は自民党政権によって持ち家政策が推進されました。

みんな自分の家を持つと保守的になります。大地主の下で働かせられ、手元に残る収穫物はごくわずかの貧しい小作農だった人たちは、戦後しばらくは社会党を支持する人が多かったのですが、戦後の農地改革で自分の土地を持てるようになると、みるみる保守的になりました。

住宅が不足し、もっと住宅政策をちゃんとしろと野党やマスコミから要求される中で持ち家政策は推進されましたが、その背景には「みんな家を持てば保守的になるだろう」との自民党の狙いもありました。

ちなみに私の父も、私が幼稚園児のときに住宅ローンで借金をして東京の郊外に家を買いました。

周囲はダイコン畑ばかりの中に19戸の住宅がある環境で、上下水道は通っておらず水は井戸水を使い、トイレは汲み取り式のいわゆるぼっとん便所。もちろんトイレの臭いはひどく、バキュームカーがたまった汚物の回収に定期的にやってきました。

バキュームカーがやってくると、かなり遠くからでもわかりました。悪臭が強烈だったからです。東京といっても郊外はまだそんなものでした。

水洗便所がついている住宅の割合は、東京オリンピック直前の63年で9・2%に過ぎません。それから5年後の68年には急速に増えますが、とはいっても17・1%にとどまっています。シャワートイレが当たり前の現在とは、トイレの清潔さはまったく異なります。

生活ぶりも令和の若者にはあまり想像がつかないかもしれません。お風呂は薪《まき》を使って沸かしていました。この風呂焚《た》きが小学生の私の担当で、薪を割ってちょうどいい大きさにして、新聞紙に火をつけ小枝に移し、薪をくべてお湯を沸かす作業を毎日やっていました。

冬になるとこたつの出番ですが、その頃はまだ練炭を使っていました。練炭に火をつけると長持ちするのはよいのですが、一酸化炭素中毒が発生する恐れがあります。実際、毎年寒くなると練炭火鉢による一酸化炭素中毒の事故が新聞で報じられていました。

夏に涼を取るには扇風機を使っていましたが、その頃は4枚羽根でした。そのうち3枚羽根のほうが効率がよいとわかり、だんだん置き換わっていきました。

お風呂を薪で焚くのは大した重労働ではありませんでしたが、ボタン一つで湯船にお湯を張れる現在の風呂とは利便性が段違いです。冬に暖を取るのに一酸化炭素中毒の恐れがあり、安全性に不安がある練炭を使っていたのも現在の感覚からはなかなか理解しにくいところでしょう。

ニュータウンでトイレットペーパーが売り切れた理由

人口の増加と都市部への人口集中に対応するため、住宅団地の整備が国策として進められました。

最初の大規模なニュータウンとしてつくられたのが、62年に入居がはじまった大阪の千里ニュータウンです。それから同じ大阪の泉北《せんぼく》ニュータウンや東京の多摩ニュータウンなど、大規模な集合住宅の街がつくられていきました。

これらの住宅はそれまでの貧弱なものと比べると、設備が格段に近代化しました。それを端的に表しているのが、オイルショック時のトイレットペーパー騒動です。

この騒ぎの発端は、オイルショックで「トイレットペーパーがなくなる」とのデマが大阪で広がり、千里ニュータウンのスーパーにトイレットペーパーを求める客が殺到し

1973年、オイルショックの影響で物資不足が噂され、日本各地でトイレットペーパーの買い占め騒動が起きた。写真はトイレットペーパーの購入個数が制限されているスーパーの状況。

たことでした。それをテレビ局が面白がってニュースに取り上げた結果、パニックが全国に波及したのです。

なぜ千里ニュータウンで騒ぎになったかといえば、全国に先駆けて水洗トイレが普及していたからです。「水に流せるトイレットペーパーがないとトイレが詰まってしまう」といって、慌てて買いに走る人が多かったのです。

ですからこの騒動のとき、全体としてみればまだ汲み取り式便所が主流だったので、大半の人は「何をやっているんだろう」と反応は冷ややかでした。水洗トイレを使っている一部の都市部の家は大変でしたが、汲み取り式便所では水に流せなくても何も問題はなく、ゴワゴワのちり紙を使っていたからトイレットペーパーがなくても大丈夫でした。

ニュータウンをはじめ、都心から離れたまとまった土地にどんどん集合住宅がつくられると、一気にその地域の人口が急増します。

住人たちの多くは会社のある都心部へ出勤するので、途端に通勤電車は殺人的な混雑になりました。車内はぎゅうぎゅう詰めで、乗車しきれない人を列車に押し込むために「押し屋」のアルバイトが登場したほどです。

電車の本数もいまの東京都内のように、一時間に何本も便数があるわけではなかったし、一便の車両数も少ないまま人口増に合わせ、どんどん拡充されていきます。

万博で展示された「未来の技術」が現在の当たり前に

国を挙げてのビッグイベントとして東京でオリンピックが開催されたのに続き、西の大阪では日本万国博覧会が開催されました。

万国博覧会とは最先端の科学技術や各国の紹介を行う展示やイベントなどで国際交流

を深める博覧会です。

開催期間は70年3月15日から9月13日まで。77ヵ国が参加し、国際機構や企業などを含めて116の展示館が展示を行ったほか、多くのイベントが開催されました。

入場者数は約6422万人で、一日の最高入場者数は83万6000人を記録。何度も行った人を含む延べ人数ですが、日本の人口の半分以上が入場した計算ですからその人気ぶりがわかります。

ただ、学生だった私の周りの友人たちは、馬鹿にして誰も行きませんでした。学生運動が盛り上がっている最中に政府が勝手につくったイベントに参加なんてできるか、という気持ちでした。

そういう冷ややかな視線が少なからずあったのも確かですが、全体としてみると万博は大いに盛り上がりました。

朝、会場が開門すると多くの人が走ってなだれ込みました。当時の映像が残っています。インタビュアーが走っている人にマイクを向けて「どこへ行くんですか?」と尋ねると、答えは「アメリカ館!」。

アメリカ館には69年に人類がはじめて月面着陸した際に持ち帰った「月の石」が展示

1970年に開催された日本万国博覧会。略称は「大阪万博」。写真は「月の石」をめがけて多くの入場者が殺到したアメリカ館。

岡本太郎がデザインした「太陽の塔」。大阪万博のシンボルゾーンにつくられた。

されていて、大変な人気を集めていました。普通に行くと長蛇の列を何時間も待たなければならなかったので、走っていた人たちは朝一番で入館しようとしたわけです。

冷戦時代だった当時、鉄のカーテンの向こう側にあって謎の国だった旧ソ連も万博に出展し、人気になっていました。ただし、その後だいぶたってからアメリカに亡命したスパイが実はこのとき、万博のソ連館にいたと告白しています。

一般のソ連の人たちは海外旅行ができませんでした。海外に出た途端、亡命される恐れがあるからで、出国できるのは共産党の幹部とスパイだけ。このスパイは、ソ連館で働いているソ連人が亡命しないように見張っていたのです。

たくさんの人が集まる華やかなイベントの裏では、そんな冷戦下の緊張感ある世界もあったようです。

諸外国による展示とともに、企業のパビリオンに展示された未来の製品や技術は高い関心を集めました。

携帯電話のプロトタイプのような製品も展示されていました。当時の電話機はすべてコードでつながっていましたが、コードがないのに通話ができますよ、と。本当はすぐ近くの部屋に電波を飛ばして、あとは有線の電話回線で通話の相手につないでいただけですが、将来はこういう製品が世に出るのだと、みんなびっくりさせられました。

また、非常に多くの入場者を集めた万博では迷子も大勢出ました。これに対応するため活用されたのがテレビ電話です。

１００を超える展示館があった万博会場はとても広く、案内所があちこちに置かれていました。この案内所と迷子センター間をテレビ電話でつなぎ、親が映像で自分の子供を見て、確認できるようにしたのです。これも限定的な回線を引いただけのものでしたが、いまのＳｋｙｐｅやＺｏｏｍにつながる未来の電話の姿を示していました。

模型レベルではありましたがリニアモーターカーも将来実用化される、磁気で浮上して走る新しい鉄道として展示されていました。

これらの製品はその後、実際に商用化され使われていますが、あまり普及しなかった製品もあります。

なかでも面白かったのが、三洋電機（現パナソニックホールディングス）の人間洗濯機でした。透明のカプセル状の浴槽にモデルが入り、お湯がたまると座っているだけで超音波の泡がブクブク身体を洗ってくれるというものでした。これは数台売れただけにとどまりましたが、浴槽のバブルジェットにつながっていきました。

首都でオリンピック、経済都市で万博

日本での万博開催を構想したのは、堺屋太一さんです。後に作家として数多くの著作を出版する堺屋さんは当時、通商産業省（現経済産業省）の官僚で、「万国博覧会というものがあるからぜひやるべきだ」と言い出しました。最初はみんな「何、それ」という反応だったそうです。

堺屋さんの構想力は卓越していました。「団塊の世代」という言葉をつくったのも堺屋さんで、ちょうどオイルショックがはじまる直前には『油断！』という小説を執筆しました。

タイトルの油断とは「油が断たれる」という意味で、もし中東から石油が入ってこなくなったら日本経済はどうなるかとシミュレーションした内容でした。見事な先見性が発揮されています。

万博をきっかけとして関西では会場までのアクセスをはじめ、鉄道網や道路網のインフラ整備が進められました。東京におけるオリンピックと同じ

堺屋太一（1935-2019年）。元通産官僚、小説家、評論家。代表作は『油断！』『団塊の世代』など。「団塊の世代」は時代を象徴する言葉となった。

ような役割を大阪万博は担っていたといえます。

そもそも大阪で万博が企画された背景には、首都・東京でのオリンピック開催に対抗して、大阪でも経済的に大きなメリットのあるイベントを開催しようとの狙いがありました。

興味深いことに、中国でもこれと同じ構図の流れが起こっています。北京でオリンピックを開催した後、上海で万博が開催されたのがそれです。首都でオリンピックを開催したあと、経済都市で万博開催という流れです。

それにしてもなぜ70年万博は、延べ人数で人口の半分以上が来場するほどの人気を集めたのでしょうか。

月の石や携帯電話のプロトタイプをはじめ、新しい時代の到来を予感させるさまざまな展示物やパビリオンの魅力、集客への関係者の努力はもちろんありますが、その頃はあまりに娯楽が少なかったことが大きいのではないかと私は考えています。

つまり、高度経済成長で人々が豊かになり余裕も出てきたものの、人々の余暇の受け皿となる施設やイベント、エンターテインメントが他にあまりなかったというわけです。家族で遊びに出かけようと思っても、それほど選択肢が多くはなかったのです。

モーレツに働けば働くほど豊かになった

学生時代、学生運動の嵐を経験した団塊の世代は大学卒業のときを迎えると、いよいよ社会人として働き始めました。四年制の大学生の場合、団塊の世代は70年から就職が始まっています。

リクルートの「就職ブランド調査　時系列推移（1965年卒～2002年卒）」を見ると、70年卒文科系の就職人気ランキングは上から日本航空、日本アイ・ビー・エム、丸紅飯田、理科系ではソニー、日本アイ・ビー・エム、日立製作所の順番でした。ただし、この調査は65年卒から97年卒までは大学生男子のみのランキングです。

日本航空は40年後の2010年に会社更生法の適用を申請して事実上倒産し、その後再生したのはご存じの通りです。

丸紅飯田は丸紅と高島屋飯田が合併してできた会社で大手商社・丸紅の前身です。現在の丸紅からは想像しにくいですが、この頃の丸紅飯田はインスタントラーメンの販売も手掛けていて、私もお湯をかけ3分待って食べていました。

ソニーは戦後間もない46年に東京通信工業として従業員数約20名でスタートし、創業から24年でランクインするまでになっています。また、ソニーはこの70年に日本企業で初めてニューヨーク証券取引所に上場しました。

個人的にこの時代のソニーで思い出すのは、オープンリールのテープレコーダーです。私の父が「これで英語を勉強するんだ」といって、とても大きくて重いレコーダーを買ってきたのです。

実際、父は銀行に勤務している間に英語を勉強して全国通訳案内士の国家試験に合格し、定年退職後は日本交通公社と契約して日本にやってきた外国人のガイドをしていました。「今日は日光、明日は箱根だ」といって元気に働いていました。

また文系、理系ともトップ3に日本アイ・ビー・エムがランクインしています。当時はまだコンピューターとは言わず電子計算機と呼んでいた時代で、日本アイ・ビー・エムは何か新しいものを切り拓いていくイメージがありました。

高度経済成長期に生まれた言葉に「モーレツ社員」や「企業戦士」があります。朝から晩までモーレツに長時間働く従業員のことで、当時はそんな働き方が当たり前でした。

私は記者としてＮＨＫに入り、休みなどありませんでした。いま考えてみるとまとんでもない状況でしたが、記者という仕事はそういうものだと思っていたので、働き方に疑問を抱くことはありませんでした。

会社員がモーレツに働いた理由としては、右肩上がりの経済成長のなかで働けば働くほど給与が上がっていたことが大きいと思います。長時間労働で残業をしてもその分残業代が付き、手取りが増えました。

少し前まで非常に貧しい生活をしていたのに、給与が上がって電気洗濯機や冷蔵庫が買えるようになり、カラーテレビも手に入るようになった。やがてエアコンも手が届くようになり、ローンを組めば自分の車を買って休日はドライブに出かけられるようになった。人々の豊かさへの欲望が満たされていった時代といえます。

ちなみに73年に私がＮＨＫに入ったときの初任給は６万８０００円でしたが、翌年には８万円になりました。新人の給与がたった1年で17・６％もアップした計算です。この時期は73年にオイルショックが起こり、続いて狂乱物価が発生して消費者物価が急上昇しましたが、その分、会社員の給与も上がったのです。

一生懸命働けば出世できる可能性が高かったことも、モーレツに働いた要因でしょう。日本経済全体が成長し、多くの企業もどんどん成長して組織が拡大していたため、課長や部長といった役職も増えていきました。

みんな会社で長時間働いたのは、夏はそもそも家に帰るより空調の利いた会社のオフィスにいたほうが快適、という理由もあります。エアコンのついている家はまだそれほど多くはありませんでしたし、残業すればその分、残業代が出て手取りも増えます。

この頃は転職という発想はあまりなく、新卒で入社した会社に定年まで勤めるのが一般的な感覚でした。定年を待たずに「退職する」という人は、「どうやって食べていくんだ？」と心配されたものです。

企業では毎年社員旅行が開催されました。東京の会社員たちは熱海などの温泉旅館へ行き、一度風呂に入ってから巨大な宴会場で一堂に会し、浴衣姿で飲み食いをしていました。そうやって家族的な一体感の醸成やコミュニケーションを図っていたのは、長期にわたり同じメンバーで一緒に働く関係が続いていくのが前提の組織だったからでしょう。

ただし、女性社員は男性社員とはまったく別の扱いでした。

補助的な役割しか与えられなかった女性社員

私が高校生のときは、四年制の大学に進学を希望する女性の多くは将来、教師になりたい人でした。教員資格を取るためで、それ以外の進学希望の女性は短大に行ったものです。

企業で女性は男性の仕事の補佐役とされていました。だから「四年制の大学に行くような頭でっかちな女はうるさいからいらない」、「女が四年制の大学へ行くと就職できなくなる」といわれていました。現在の感覚や常識からは考えられませんが、企業社会における女性の地位は非常に低かったのです。

丸の内や大手町あたりに本社を構えるような大企業はさらに条件が細かく、女性は短大卒で自宅から通える人で、かつ両親が揃っている必要がありました。要は「ひとり親はダメ」という話で、ここでも差別的な取り扱いがみられました。

こうした企業の女性社員の採用面接は、「うちの男性社員のいいお嫁さん候補はいないかな」という観点で行われていました。

私の大学の同級生に非常に優秀で、キャリア志向の女性がいました。彼女が就職しようと大学の就職課へ行って求人票を見ると、ほとんどが「男子のみ可」。彼女はバリバリ働く意欲を持っていたので、それでも一生懸命探してみると、わずかながら女子でも可の求人票がありましたが、必ず次の但し書きがあったそうです。「容姿端麗のこと」。

女性は企業に入社すると男性社員よりも早く出社して、男性たちが出社してきたらお茶を出すのが役割でした。完全に男性の補助役としての役割が求められていました。そして結婚が決まり上司へ報告すると、「おめでとう。で、いつ辞めるの？」と必ずいわれました。女性の就職は寿退社が大前提になっていたのです。

この頃、フジテレビの女性アナウンサーの定年は25歳でした。つまり短大を卒業して20歳で入社し、25歳になったら辞める。25歳定年は女性アナウンサー限定で、男性アナウンサーには適用されませんでした。そもそもフジテレビは男性社員ばかりで、画面に出るアナウンサーだけは若くて華やかな女性にしようとしたのです。

「女はクリスマスケーキ」という言い方がされたのもこの頃です。クリスマスケーキは12月24日のクリスマスイブまでは売れるけれど、25日になったら売れなくなり、26日になったら誰も見向きもしなくなる。それと同じで女は24歳までだ、という極めて侮蔑的な話です。こんな感覚があまり違和感なく受け入れられていました。

なお、もう少し後の時代になりますが、年齢を重ねて会社から配置転換を命じられた日本テレビの女性アナウンサーが「それはおかしい」といって日本テレビを訴え、勝訴した裁判があります。

メディアでいえば出版社でも女性は一段低く扱われていました。

月刊誌『文藝春秋』の最後には、「社中日記」という編集部内の出来事を面白おかしく書くページがあります。当時、個人の名前が出ているのはすべて男性の編集部員で、女性は「女性社員」としか表記されませんでした。

それが変わって女性の名前が登場するようになるのは男女雇用機会均等法ができて、女性も編集部員として採用されるようになってからのことです。


【参考文献・資料】

佐々木毅・鶴見俊輔・富永健一・中村正則・正村公宏・村上陽一郎『戦後史大事典　増補新版』三省堂
老川慶喜『もういちど読む山川日本戦後史』山川出版社
矢野恒太記念会『数字で見る日本の１００年　改訂第７版』

THE WORLD BANK「日本国有鉄道　東海道新幹線～日本が世界銀行から貸出を受けた31のプロジェクト」
https://www.worldbank.org/ja/country/japan/brief/31-projects-shinkansen
日本バナナ輸入組合「バナナとともに65年」
https://www.jftc.or.jp/shoshaeye/interview/top_200902.pdf
日本清涼飲料検査協会「清涼飲料よもやま話第十二話『コーラ飲料の沿革』」
http://seiryouken.jp/yomoyama/yomoyama_12.html
日本コカ・コーラ「日本におけるコカ・コーラビジネスの歴史」
https://www.cocacola.co.jp/company-information/history
日本ＫＦＣホールディングス「沿革」
https://japan.kfc.co.jp/company/history
総務省統計局「日本の長期統計系列　第21章　住宅」
https://warp.da.ndl.go.jp/info:ndljp/pid/11340724/www.stat.go.jp/data/chouki/21.html
日本マクドナルド「マクドナルドの窓からのぞいた日本」
https://www.mcdonalds.co.jp/campaign/thankyou50th/history/social/
万博記念公園「大阪万博」
https://www.expo70-park.jp/cause/expo/
婦人画報「大阪よ、再び日本の中心たれ。堺屋太一さんが大阪２０２５に込めた思い」
https://www.fujingaho.jp/culture/interview-celebrity/a60937/sakaiyataichi-20180219/
阪神高速道路「阪神高速開通50周年　第7話　万国博覧会の成功へ、供用延長を一挙4倍」

https://www.hanshin-exp.co.jp/50th/short-story/past/story07.html
リクルートホールディングス「就職ブランド調査　時系列推移（１９６５年卒～２００２年卒）」
https://oldrelease.recruit-holdings.co.jp/news_data/library/pdf/19990419_02.pdf
丸紅「丸紅の歴史」
https://www.marubeni.com/jp/company/history/
ソニーグループ「ソニーグループについて」
https://www.sony.com/ja/SonyInfo/CorporateInfo/History/

第３章　青春の昭和文化・社会風俗

首相夫人がミニスカートの衝撃

前章で食の世界に西欧のスタイルが入ってきたことに触れましたが、ファッションの分野でも同じ流れが起きました。

なかでもインパクトがあったのは1967年に来日したイギリスのファッションモデル、ツイッギーです。

ツイッギーとは「小枝ちゃん」という意味のあだ名で、本名は別にありました。あだ名の通り身体が細くて小枝のようで、ミニスカートがよく似合う彼女は「ミニの女王」とも呼ばれました。

この頃はミニスカートを穿くこと自体、相当なインパクトがありました。女性が脚を見せることとは、旧来的な価値観からすればあり得なかったのです。

佐藤栄作夫人の佐藤寛子さんは首相と外遊後、帰国して飛行機のタラップから降りてくるとき、短めのスカートを着て大きな話題になりました。「首相夫人がミニスカートを穿いているぞ」ということで当時は驚きがあったのです。しかし、いま見てみると別にどうということもありません。

ミニスカートはスタイルがよくて脚が長くないと似合わないので、その流行は日本でも脚が長い若い女性たちが出てきたという話でもありました。床に座ってちゃぶ台でご飯を食べる生活から椅子とテーブルを使う生活への変化で、だんだんスタイルがよくなっていったのでしょう。

若者男性のファッションをリードしたのは、VANやJUNといったブランドに代表されるアイビー・ルックです。

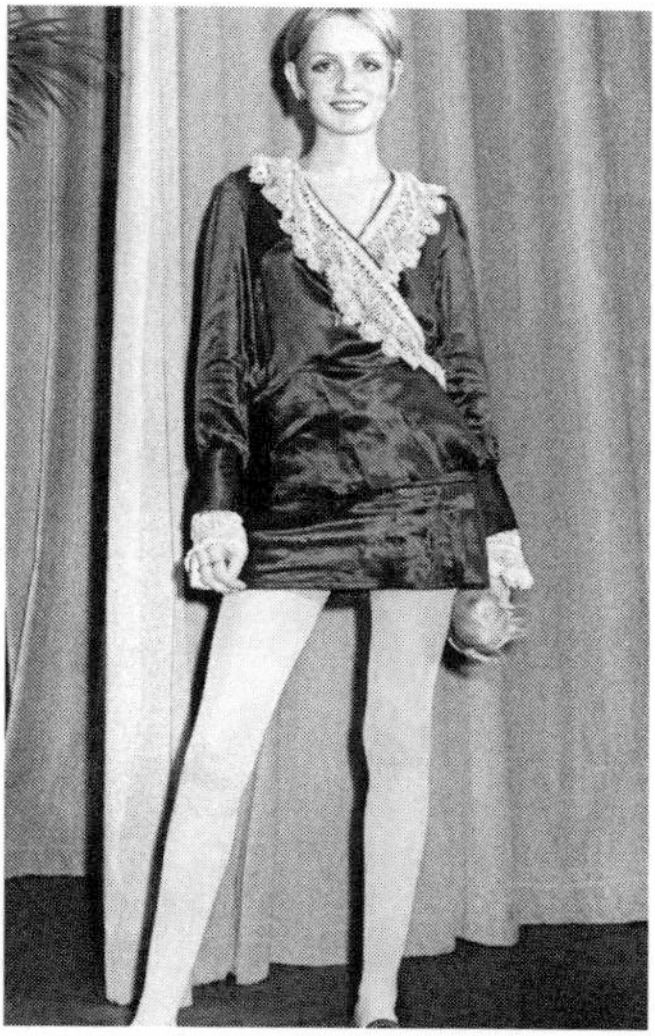

ツイッギー（1949年-）。イギリスの女優、モデル、歌手。細長い脚でミニスカートを穿くスタイルは衝撃的で日本中の女性のみならず男性の心も捉えた。

アイビー・ルックはアメリカの学生の間で人気のあったスタイルです。60年代は『平凡パンチ』などの雑誌が創刊され、こうしたアメリカのさまざまな文化やファッションが紹介されて人気を集めました。

また、膝から裾に向かってズボンの形が大きく広がるベルボトムジーンズの流行も印象的でした。もちろんこれらのファッションは、前の世代が着ていた服とは大きく異なるものです。

ビートルズがもたらした自由の風

音楽では、やはり66年に来日したビートルズのインパクトが大きいものでした。

このとき、各地の中学校や高校では「ビートルズを見に行くな」とお達しが出されました。「不良の音楽を聴いてはいけない」と。

当時、高校生だった私くらいの若者世代はビートルズに熱狂していましたが、世の中の大人たちは「男のくせに髪は長いし、もじゃもじゃ頭でわけのわからない、うるさい音楽をガンガンがなり立てて人気になった連中」と極めて冷ややかでした。髪の毛が長いと不良扱いだったのですね。

そんな風に大人たちからは嫌われたビートルズですが、その後も人気は衰えず、現在では音楽の教科書で取り上げられるまでになりました。一時的なブームでは終わらなかったのです。

ビートルズの登場はギターブームやグループサウンズ、フォークソングなど、後進のミュージシャンに大きな影響を与えました。ビートルズに憧れてギターを手に取ったり、バンドを組み始めたりした若者はたくさんいたと思います。

1966年、ビートルズが来日した。日本武道館で公演を行い、若者たちを熱狂の渦に巻き込み、わずか103時間の滞在をしたのち、嵐のように去った。

ただし、ビートルズのインパクトはそうした音楽的な側面だけではなく、その頃のさまざまな既成概念を打ち破ったところが大きく、それが大人に嫌われる一方、若者の人気を集めた理由でした。

とくに多くの中学や高校は校則が厳しく、生徒は窮屈な思いをさせられていました。髪型は全部決められているし、地方によっては学校から家に帰っても制服を着用していなければいけませんでした。私服に着替えると不品行な行動に出かねないから、といったわけのわからない理由で、プライベートまで拘束するような規則がまかり通っていたのです。

そんな抑圧された環境で音楽もファッションも自由で既成概念にとらわれないビートルズを見ていると、授業が終わった後に校舎を飛び出して、制服を着替えて仲間と遊びに出かけに行くような解放感がありました。

また、ビートルズの出自や背景も魅力的に映りました。イギリスの田舎町出身の貧しい不良たちが音楽を始めたら、世界中でヒットチャートを席巻したのです。「俺たちもギター一本でヒット曲を出せるかもしれない、スターになれるかもしれない」と夢を見る若者が出てくるのは当然です。実際、その点でも後進のバンドやミュージシャンにビートルズは大きな影響を与えています。

テレビドラマで知るアメリカの豊かな生活

高度経済成長期にさまざまな文化が広まっていくのに大きく貢献したのがマスメディア、とりわけテレビの普及です。

日本でテレビ放送が始まったのは53年。一気に視聴者が増えるきっかけになったのが59年、昭和の皇太子と皇太子妃、つまり現在の上皇上皇后両陛下のご成婚でした。みんなご成婚パレードを見たいといって白黒テレビを購入し、爆発的に広がりました。

我が家でも親が買ってきたばかりの白黒テレビで、ご成婚パレードを見ました。

この頃、小学生だった私がよく見ていた番組はＮＨＫの『チロリン村とくるみの木』です。この人形劇には黒柳徹子さんが出演していました。彼女は本当に長い期間にわたって活躍していることがわかります。

他にお気に入りだったのは『月光仮面』や『鉄腕アトム』。どちらも実写版で、『鉄腕アトム』は後にアニメ化されました。

高校生のときには作家の井上ひさしが台本を担当した『ひょっこりひょうたん島』が

人気になりました。

一方で『スーパーマン』や『パパは何でも知っている』といったアメリカのドラマが日本に入ってきたのもこの時代です。また、テーマパークではない、テレビ番組の『ディズニーランド』が放映され、みんな夢中になって見ていました。

アメリカのドラマを見ているとみんな広大な家に住んでいて、キッチンには巨大な冷蔵庫があり、自家用車を乗り回していました。薪で風呂を沸かしている日本の庶民の生活ぶりとは段違いです。

視聴者はそんな夢のような生活ぶりに圧倒され、「アメリカってこんなに豊かなんだ」と憧れを募らせたものです。

話が前後しますがまだ高度経済成長期に入る前、テレビ放送が開始されたばかりの黎《れい》明《めい》期は当然、テレビ受信機を持っている人の数は少ないので、CMを出稿してくれるスポンサー企業をなかなか獲得できません。テレビを見ている人が少ないのに、高いお金を払ってCMを出しても見合った効果はないと企業が考えるのは当然でしょう。

そこで日本テレビがはじめたのが街頭テレビです。新宿や新橋などの繁華街にテレビを設置し、プロレスなどの番組を流したのです。街頭テレビは大当たりで大群衆となるほどの人気を集め、力道山は一躍スターになりました。日本テレビは「この通り何千人もの人が見ています。スポンサーになって下さい」と企業を説得し、広告を獲得していきました。

広告収入を柱にする民放に対しＮＨＫは受信料収入がありますが、黎明期はこちらもテレビ受信機が少ないので、それだけではやっていけません。

プロレスの場外乱闘はテレビの視聴者の話題の的となった。写真は当時絶大な人気を誇った力道山（左）。

そこでＮＨＫは放送債券を発行しました。債券を一般の人に売って借金をして、そのお金で放送機器類を整備し、全国に放送局をつくり、満期がきたら債券の償還をしながら受信料収入を増やしていったのです。

ＮＨＫは現在、受信料収入だけでやっていけるようになりましたが、私が入局した頃はまだ放送債券を発行していました。

新しくて面白いものをつくるのは「はぐれ者」

テレビ放送が始まったばかりの頃、放送局の本流はラジオでした。ですからまだ海の物とも山の物ともつかないテレビ制作に送り込まれたのは、放送局のはぐれ者たちでした。

本流のラジオ放送を担うエリートとは異なる、扱いに困るような連中を押し付けて始まったテレビ放送は、はぐれ者たちがめちゃくちゃな番組をつくってヒットを生み出していきました。

これはインターネットの草創期と同じ構図です。エリートは本流であるテレビを担当し、可能性が不明なインターネットにははぐれ者が送り込まれ、ユニークなことを始めて面白がられる、という具合です。世の中で新しいものができるときは、だいたいそんなものなのでしょう。

ただ、はぐれ者が頑張ってめちゃくちゃな番組づくりをすると、コンプライアンスに合致しないとんでもない事件が起こります。

たとえば、プロレス放送における「銀髪鬼」フレッド・ブラッシーの流血事件。悪役レスラーのフレッド・ブラッシーが相手に嚙みついて大流血させたシーンがテレビ放送され、それを見てショック死した人が出たこの事件は、ニュースで大きく取り上げられました。実際は流血ではなくケチャップだったのですが。

この頃はプロレスが真剣勝負で戦っていると思って見ている人がたくさんいたのです。

「お化け番組」が続々生まれた理由

テレビが普及していくのとは対照的に、凋落《ちょうらく》していったのが映画産業でした。

テレビ局がドラマ番組をつくろうとするとき、人気のある映画俳優を起用しようと考えるのは当然の発想です。しかし人気俳優がテレビドラマに出演したらテレビの人気が出て、映画の人気が奪われてしまうかもしれない。そう考えた大手映画会社5社は協定を結び、映画に出ている俳優はテレビに出さないことにしました。これを五社協定といいます。

人気の映画俳優を起用できなくなったテレビ局は困ってしまい、自分たちでスター候補を発掘していきました。結果的にテレビ発の新鮮なヒーローやヒロインが誕生するようになりました。

つまり、映画会社がテレビの人気が伸びないように画策したために、新しい俳優が登場してテレビの人気が花開くことになったわけです。映画的な芝居をする人はやはり古いので、テレビ的な芝居をする若い人が合っていたという側面もあったのでしょう。

最終的には映画会社も折れて、映画俳優もテレビに出てよいということになりました。しかしテレビの発展と裏腹に映画産業の斜陽化は進み、五社協定を結んだ一社であった大映は倒産の憂き目にあいます。

私が中学生や高校生の頃は朝、学校に行くと前日のテレビ番組の話で盛り上がりました。みんな見ている番組が同じだったため、それが共通の話題になりました。

現在は前日の番組の話題でみんなが盛り上がることは、あまりないでしょう。みんな見ている番組がバラバラだからです。

逆にいうと、当時はお茶の間で人気の番組を見ておかないと翌日、学校で話の輪に入れなかったのです。みんなテレビを見ているので、私の少し下の世代になりますが、たとえばザ・ドリフターズの『8時だョ！全員集合』など高視聴率を記録するお化け番組が生まれました。

お化け番組といえば『NHK紅白歌合戦』があります。現在でも高視聴率を記録する毎年大晦日恒例のこの番組は当時、70％台、80％台といった驚異的な視聴率を叩き出しました。

この頃のテレビはバラエティやエンターテインメントはもちろん、それ以外の番組もよく視聴されています。

私が新聞記者になろうと考えていた大学3年生のとき、あさま山荘事件が発生するとNHKも民放も1週間、現場からの生中継を続けました。全局の視聴率の合計はなんと90％。それほどテレビはみんなに視聴されていたのです。

圧倒的に視聴されるテレビの様子を目の当たりにした私は、「新聞記者になろうと思っていたけれど、これからはテレビの時代かもしれないな……」と思いました。これが卒業後の進路に影響を及ぼすことになります。

もともと私は地方で働く新聞記者になりたかったのです。だから地方に支局がある全国紙に入りたいと考えていましたが、NHKに入ると新人は必ず地方の放送局勤務からスタートします。地方で働く記者という夢もＮＨＫならかなうと思い、ＮＨＫの入社試験を受けました。

この頃はマスコミだけが就職協定を守っていて、大学4年生を対象に7月1日の解禁日に朝日新聞と読売新聞、毎日新聞、共同通信、ＮＨＫが同時に入社試験を行っていました。記者志望者はどれか一つだけ、選ばなければいけなかったのです。

私は朝日新聞とＮＨＫに願書を出しておいて、ギリギリまで迷った末にＮＨＫを受けにいきました。

ちなみに翌7月2日には日経新聞、産経新聞、時事通信の入社試験がありました。つまり、ありていに言えば、これらは前日に入社試験があった新聞社やＮＨＫのすべり止めとして位置付けられていました。

しかし、それほど人気のなかった日経新聞もいまは地位を高めていますし、朝日新聞に落ちて産経新聞に就職した人がその後、転職して朝日新聞に中途入社し幹部になっていたりするから面白いものです。

若者の心に刺さった『青春の墓標』『二十歳の原点』

文学に目を向けると68年に川端康成がノーベル文学賞を受賞し、70年に三島由紀夫が陸上自衛隊の市ヶ谷駐屯地で割腹自殺と、「昭和の青春」時代はいろいろな話題の多い時期でした。

三島事件はよく覚えています。私が大学2年生のとき、社会思想史の授業が終わった途端、一人の学生が教室に飛び込んできて「三島由紀夫が自衛隊に突入して死んだぞ！」といって、学生たちが騒然となったからです。

もともと三島由紀夫は小説でヒット作を出していた作家ですが、急に愛国とか憂国とか言い出して右翼活動を始め、「日本の国防を強くしなければならない」といって楯の会という組織を結成しました。

東大全共闘のなかに単身乗り込んでいって、左翼の学生たちとさまざまな議論を行ったこともあります。そのときの内容は、２０２０年に映画『三島由紀夫 vs 東大全共闘 50年目の真実』として公開されています。

三島由紀夫（1925-1970年）は、1970年、「楯の会」会員とともに自衛隊市ヶ谷駐屯地（当時）を訪れ、バルコニーでクーデターを促す演説をする。このあと割腹自殺をした。

そうした活動を見て、「三島は何をやっているのかな」と思っていたら突然、自衛隊の駐屯地で自殺してしまいました。

三島の死後、私は彼の小説を全部読みました。新潮文庫に入っている作品を片っ端から読破して、「こんな美文調の文章を書く人なのか」と思いました。文章が上手というか、きれいというか、修飾過多というか——。

それまで、私は三島の作品を読んだことがありませんでした。私の学生時代は、あまり一般の学生が積極的に読むような存在ではなかったと思います。

私の世代の学生がよく読んでいた作家としては、高橋和巳がいます。

大学を卒業後、かつて革命の理念のもとに日々を共に過ごした旧友たちを主人公が訪ねる『憂鬱なる党派』や、戦時下の弾圧で壊滅したものの戦後復活した教団の興亡を描いた『邪宗門』といった小説を執筆した高橋は、残念ながら売れっ子になった頃に早逝したため、現在ではあまり知られていません。

学生たちの読書の定番といえば、柴田翔の『されどわれらが日々――』も外せません。共産党が武装闘争の方針を撤回した第6回全国協議会前後の時代に生きる若者を描いた青春小説で、芥川賞を受賞しています。

他には倉橋由美子の『パルタイ』。パルタイとはドイツ語でパーティ、要するに共産党のことです。共産党内部のドロドロを描いた暗い小説です。

小説ではなく実話では、奥浩平の『青春の墓標』がよく読まれました。中核派の活動家だった奥の恋人が革マル派に入ってしまった。奥はその彼女に対し、両派が対立して衝突する時期に、ラブレターを出す。

奥浩平は最終的に自殺し、その後遺稿集として生前に書き記したノートや書簡をまとめ書籍化されたのがこの本です。

高野悦子『二十歳の原点』は、１９６０年代末期の女子学生が青春の悩みや苦しみをつづった日記です。高野も自殺してしまったのですが、遺された日記が書籍化されてベストセラーになりました。

高齢化の問題を50年以上前に指摘した『恍惚の人』

ベストセラーという意味では、社会派推理小説の松本清張や歴史小説の司馬遼太郎、社会派小説の山崎豊子といった人気作家の本がよく売れました。

松本の作品では、『日本の黒い霧』で帝銀事件や下山事件などのよくわからない未解決事件について調べ、松本清張史観によって「実はアメリカ軍の陰謀ではないか」などと推理していって、非常に面白かった。

ただし、松本作品がよく読まれていたのは私より上の世代で、私は松本が亡くなってから読んで「こんな仕事もやっていたんだ」と思った記憶があります。

司馬遼太郎に関しては、私はまったく関心がありませんでした。『坂の上の雲』が凄いといわれたのは、おそらく私より下の世代がそういうものを求めるようになったからだと思います。

人気作家のなかでも社会的影響力が強かったのが有吉佐和子です。

有吉は『恍惚の人』という小説で認知症をテーマに取り上げました。その頃はまだ呆けといっていましたが、人間が歳を取って認知症になるとどうなるのかを描き、いまから50年以上前に高齢化社会の恐ろしさを伝えたのですから凄い作品です。

また、『朝日新聞』で連載した「複合汚染」は、私たちの身の回りで水質汚染や大気汚染が複合的に発生していると告発してブームとなり、多くの人が公害を認識するきっかけになりました。

有吉佐和子（1931-1984年）。小説家。日本の歴史から古典芸能、社会問題まで幅広いジャンルの作品を発表する。代表作は『紀ノ川』『華岡青洲の妻』『恍惚の人』など。

この時代は書籍だけでなく、新聞や雑誌もよく読まれました。これから経済がどんどん成長し発展していく過程で、やはり新しい情報を頭に入れておかないと時代に遅れるし、出世のためには世の中の動きについていかなければいけないといった思いがありました。

しかも現在のようにインターネッ

トはなく、他の娯楽も少なかったので、活字を読む時間は自ずと多くなったのでしょう。

週刊誌もよく読まれました。私の上の世代の人物ですが、週刊誌では50年代に扇谷正造という伝説的な編集者が『週刊朝日』を100万部雑誌にのし上げ、後続の週刊誌がどんどん創刊されました。もっともそんな隆盛を誇った週刊誌も現在は振るわなくなり、『週刊朝日』は2023年に休刊となっています。

登場人物の葬儀が行われた『あしたのジョー』

マンガもよく読まれました。ただし私が子供の頃は家の近くの貸本屋へ行き、一晩10円くらいでマンガを借りて、期日までに読み終えて返却していました。

その頃はまだ週刊マンガ誌はなく、貸本屋で借りるか、『冒険王』などの月刊マンガ誌を買うか、という購読スタイルでした。

そこに登場したのが『週刊少年マガジン』と『週刊少年サンデー』という週刊マンガ誌です。どちらも創刊日は1959年3月17日で、マガジンの表紙が人気力士の朝潮、サンデーが読売ジャイアンツの長嶋茂雄でした。

創刊日が被《かぶ》ったのはライバル社が創刊を準備していることを聞きつけて、「間に合わせろ！」とやったからです。

週刊マンガ誌2誌の登場は、当時の子供にとって衝撃的でした。「これで毎週、新しいマンガが読めるようになるんだ」と。新しいマンガが読者の手に届くペースが、以前よりずっと速くなったわけです。

私が夢中になったマンガは、たとえば小沢さとる『サブマリン707』があります。潜水艦クルーが強大な敵に立ち向かう海洋冒険マンガで、プラモデルも発売され相乗効果で人気になりました。

ちばてつや『紫電改のタカ』も面白かった。戦闘機の零戦はよく知られていますが、海軍には紫電改という名機もあって、これに搭乗するパイロットが主人公のマンガです。

物語の冒頭は紫電改に乗ってアメリカ軍の敵機と戦う戦記物のような話でワクワクしながら読んでいたのですが、物語が進んでいくとアメリカ軍のパイロットもやはり人間であり、人間同士が戦争をしているという現実を突きつけられ、最後は主人公が特攻で出撃するところで終わります。

つまり、読者は勇ましい戦争マンガだと思って読んでいたら、実は反戦マンガだった

圧倒的人気を誇った『あしたのジョー』。最大のライバル力石徹にノックアウトされるジョー。このあと力石徹は急死をする。ファンが実際に葬儀を執行して話題となった。

と最後に気付くわけです。実によくできていると思います。

ちばてつやの作品といえば、やはり『あしたのジョー』の社会的反響が大きく、とても盛り上がりました。なにしろ作中でジョーのライバルの力石が亡くなると、葬儀が行われたほどです。

日本赤軍がよど号を乗っ取って北朝鮮に行く際の犯行声明で、「我々は『あしたのジョー』である」と言ったことでも話題になりました。しかし私は「なんだこいつら、マンガは読んでいるんだ。どうせマルクスは読んでいないくせに」と思ったのを覚えています。

ベ平連と「誰でも出入り自由」のデモ

第1章でもふれたように私が大学生だった70年前後、世界に大きな影を落としていたのがベトナム戦争でした。ベトナム反戦運動は、当時の日本の若者の文化や行動にも大きな影響を及ぼしています。

たとえば、デモ。戦争反対のデモというと社会党や共産党、あるいは過激派が主催し、シュプレヒコールをしながら示威的に行進する。あるいはヘルメットを被った学生たちがわっしょいわっしょいやって、機動隊と激突するようなものがイメージされます。

しかし、一般の人がこうした過激なデモに参加するのは抵抗があります。「ベトナム戦争には反対であるが政治的、イデオロギー的な色彩が強いデモとは関わりたくない」という人はたくさんいました。

政治的、イデオロギー的な立場に関係なく「戦争は嫌だ」という人がアピールする場所がないときに、その場をつくったのが「ベトナムに平和を!市民連合」、通称「ベ平連」です。

ベ平連のデモはベトナム戦争に反対する人なら誰でも参加でき、過激なデモではなく、ヘルメットも被らない。家族連れで来ても構わないし、「とにかく戦争をやめよう」の気持ちだけあればいい。これなら右寄りの思想の人でも参加ができる。だからベ平連のデモには非常に多くの人が参加しました。

参加者の集まり方もかなり自由でした。たとえば「ベトナム戦争反対のデモをします。○月○日○時に代々木公園集合で、そこから国道246号線を通って新橋で解散します」とベ平連が知らせると、参加したい人は代々木公園に集まり、歩き始めます。するとたまたまデモを見かけた人たちが途中から列に入ってきて、どんどん参加者が膨れ上がっていくのです。新橋に到着すると平和裡に流れ解散となり、途中で仲良くなった人たちと飲みに行ったりする。最盛期は代々木公園が人で埋め尽くされていましたから、相当な規模です。

私が大学に入学して最初に参加したデモは、ベ平連主催でした。一人で集合場所に行き、途中で知り合った上智大学の学生と仲良くなって話しながら歩きました。その学生は女性ではなく男性でしたが。

「ベトナム戦争反対」くらいは言ったかもしれませんが、みんなで声を合わせてシュプ

ベ平連の集会。ベ平連は米軍の北爆開始を受け、1965年に結成された。写真前列の中央が代表の小田実（1932–2007年）。左端はベトナム戦争反対を訴える開高健。

レヒコールを叫ぶようなことはなく、組織立った感じはありませんでした。普通に道路を歩いていた人たちが飛び入りで参加してくるし、逆にどこから抜けても構わない。

だから令和時代の人が「デモ」と聞いて思い浮かべるイメージとは違って、ベ平連のデモは自由で楽しい感じの集まりでした。まだ娯楽が少なく、若者たちが出会う場所もあまりなかったことも、動員力につながっていたのでしょう。

海外への憧れを掻き立てた『何でも見てやろう』

ベ平連を結成し、代表を務めていたのは作家の小田実《まこと》です。

小田はフルブライト奨学金でアメリカに留学し、帰国するときに真っすぐ帰っても面白くないからといって、ヨーロッパやアジアをぐるっと回って多くの国を旅しました。海外旅行がまだ夢のまた夢の時代に小田は海外をいろいろ見て、その体験を彼独自のタッチで一冊の本にまとめます。それが「ひとつ、アメリカへ行ってやろう、と私は思った」の書き出しで始まる『何でも見てやろう』です。61年に刊行されたこの本がベストセラーとなって小田は一躍名前を知られるようになりました。

この時代の為替レートは1ドル360円の固定相場で、しばらくは500ドルの外貨持ち出し制限もありました。日本人がアメリカへ旅行するときは、日本円をドルに両替する必要があります。つまり、日本人が海外旅行すると日本国内のドルが減少してしまいますが、まだ貧しい日本には外貨が足りなかった。そのため外貨の持ち出しには制限がかけられていたのです。1ドル360円という現在よりもはるかに円安の時代に50

0ドルしか持ち出せなかったら、大した買い物はできません。

そもそも観光目的の海外渡航が自由化されたのは64年で、この年に日本初の海外パッケージツアーとしてジャルパックが生まれています。コンダクターが旗を持ち、その後をツアー客がぞろぞろ歩いていくスタイルの旅行です。

ジャルパックで海外旅行に行く人には、JALの文字が書いてあるお洒落なバッグが与えられました。このバッグを持っていると周りの人から「この人、海外旅行に行ったことがあるんだな」と見られ、一種のブランド品のようになっていました。それくらい一般の人にとって海外旅行は縁のない話でした。

ついでにいえば、日本で外国人を見かける機会もあまりありませんでした。だから街を外国人が歩いていると子供がぞろぞろ後を付いて回ったり、英語を勉強しはじめた中学生が〝How are you?〟と声をかけてみるもののその後の会話が続かなかったり。途上国へ行くと外国人珍しさにその土地の子供たちがぞろぞろ付いてくることがありますが、それと同じ光景が日本でも展開されていました。

そんな時代状況ですから、若者が一人で海外旅行をすること自体、驚きの出来事です。しかも貧乏旅行、いまでいうバックパッカー的なスタイルで。『何でも見てやろう』

は若者たちに「将来は海外に行きたい、世界を見たい」と夢を与え、一種のバイブルのような本になりました。

貧乏旅行で世界を歩くスタイルはその後も沢木耕太郎の『深夜特急』や、テレビ番組『進め!電波少年』で放映された猿岩石のヒッチハイク旅に受け継がれていきます。

ベトナム戦争報道と政治家の圧力

べ平連をはじめ、ベトナム反戦運動が直接関係がなさそうな日本で盛り上がった背景には、いくつかの要因があります。

一つは報道です。やはりベトナム戦争の悲惨さが日本国内に伝えられ、日本の人たちの怒りを買ったことが大きい。

なかでも影響が大きかったのが、『朝日新聞』で本多勝一記者が夕刊に連載していた「戦場の村」というルポルタージュです。彼は南ベトナム解放民族戦線の中に入り、米軍からの視点ではなく、米軍と戦う側の意識や行動をレポートしました。

他にも毎日新聞では大森実記者が戦争の実態を報じ、作家の開高健は『週刊朝日』で

「ベトナム戦記」を連載しました。当時の『週刊朝日』は100万部雑誌で日本で一番売れている週刊誌だったので、この連載を通じて多くの人がベトナムで何が起きているかを知りました。

また、TBSの田英《でん》夫はニュースキャスターとして北ベトナムへ行き、北ベトナムの病院がアメリカ軍の爆撃によって大きな被害を受けたとレポートしましたが、このレポートが日本国内で自民党幹部の怒りを買います。

当時の佐藤内閣はアメリカに全面的に協力していたので、「なぜ北ベトナムの宣伝に乗るんだ。あんな奴は辞めさせせろ」と。結果、田は自民党の圧力でキャスターを降板させられました。政治家によるマスコミに対する圧力は、この頃からずっとあったわけです。

意外にも日本人の身近にあったベトナム戦争

日本でベトナム反戦運動が盛り上がったもう一つの理由は、今から見ると意外なことですが、当時の日本人にとってわりと身近な問題だったからです。

この時代はまだ沖縄は日本に返還されておらずアメリカの管轄下にあり、北ベトナムへの爆撃機は毎日、沖縄の嘉手納《かでな》基地から飛んでいました。

またアメリカ軍の燃料タンクは国鉄、いまのJRの貨物線を使って運ばれていました。これは現在、貨物専用ではなくなって湘南新宿ラインが走っている線路です。ベトナム反戦運動の学生たちが新宿駅になだれ込むことがあったのはこのためです。

さらには東京都の王子にはアメリカ軍の野戦病院があり、ベトナムで負傷した兵士が運び込まれ治療を受けていました。ベトナム周辺では高度な医療を受けられる場所がないので、日本までけが人を運び込んでいたのです。

また、ベトナム戦争で亡くなったアメリカ軍の兵士はそのままの状態でアメリカ本国に運ぶわけにはいかないので、一度横須賀の基地まで移送して、エンバーミング（死体防腐処理）をして遺族が顔を見られるようにしてからアメリカに送っていました。

ベトナム戦争で死んだ兵士は、いったん日本を経由してからアメリカに帰る。けが人も東京に運び込まれて治療するという状態で、日本はベトナム戦争の後方基地のようになっていたのです。

ベトナムでは日本人と同じアジア人であるベトナム人たちが、理不尽にもアメリカ軍によって殺されていると報じられている。日本でベトナム戦争反対運動が盛り上がるだけの状況が揃っていました。

みんなで歌って盛り上がる「フォークゲリラ」

ベトナム戦争中は、自然発生的に生まれた反戦活動もありました。駅の広場などに集まり、参加者みんなで反戦的な歌を歌う「フォークゲリラ」です。

歌には力があります。この頃はフォークソングが流行っていて、アメリカのジョーン・バエズやボブ・ディランなどのプロテストソング、あるいは日本で独自につくられた反戦歌をみんなで歌っていました。

当時の佐藤内閣はベトナム戦争を遂行するアメリカを支持していたので、ベトナム戦争反対の集まりであるフォークゲリラは自ずと佐藤内閣反対という政治的な色彩を帯びていきます。フォークゲリラに行くと若者たちがいっぱいいて、いろいろな人と出会ってみんなで盛り上がれる。若者たちにとっては楽しく過ごせる場でもありました。

とりわけ参加者が多く大規模になっていったのが、新宿駅西口地下広場のフォークゲリラでした。毎週、大勢の人を集めて行われるようになると警察が出てきて、なんとかやめさせようとします。

実際に私が新宿駅西口地下広場のフォークゲリラを見に行ったとき、警察はこう言っていました。

「西口地下広場にお集まりの皆さん、ここは通路です。広場ではありません。止まらずに歩いて下さい」

いやいや、いま「広場」って言っただろうと突っ込んだのは言うまでもありません。

こうした警察のアナウンスに対し、フォークゲリラの参加者たちはみんなで「帰れ！帰れ！」と叫んでいました。

反戦運動世代の心に刺さった「友よ」「手紙」

フォークゲリラでよく歌われていたのは、たとえば岡林信康さんです。「友よ」という歌がとても流行りました。

友よ　夜明け前の闇の中で

友よ　戦いの炎をもやせ
夜明けは近い　夜明けは近い

そんな歌詞が学生運動やベトナム反戦運動が盛んな世代の心に刺さりました。
岡林の曲では部落差別をテーマにした「手紙」も印象的です。

もしも差別がなかったら
好きな人とお店がもてた
部落に生れた　そのことの
どこが悪い　なにがちがう

この時代はまだ、部落差別が色濃く残っていたのです。部落差別の実態を知らない人たちへの啓蒙にもなりました。
他に印象深かった歌としては、高田渡の

岡林信康（1946年-）。「山谷ブルース」でデビューし、数々の名作・問題作を発表。「フォークの神様」と呼ばれ、一世を風靡した。

「自衛隊に入ろう」という面白い歌があります。

自衛隊に入ろう　入ろう　入ろう
自衛隊に入れば　この世は天国
男の中の男はみんな
自衛隊に入って　花と散る

一見、自衛隊への入隊を勧めるような歌詞にみせておいて、入ったら「花と散る」と皮肉っているわけです。

中核派の活動家が歌手としてメジャーデビューしたこともありました。新谷のり子で、「新谷」は「しんたに」と読みます。本名は「あらや」ですが、淡谷のり子さんと間違えられやすいからと「しんたに」読みになりました。

彼女はパリで日曜日の朝、反戦を訴え政治的な抗議のために焼身自殺したフランシーヌという女性を歌にした「フランシーヌの場合」がヒットします。

メジャーデビューしていた新谷には芸能事務所が付いていました。そのため、中核派が新谷を成田闘争の集会に呼んだところ、事務所から「出演料を払え」と要求され、中核派は「何を言っているんだ」とトラブルになったことがありました。

みんなで歌を歌うスタイルでいえば、歌声喫茶もあちこちにありました。ただし歌声喫茶が流行った世代としては、私の世代よりも上になります。

歌声喫茶で歌われたのは主にロシア民謡でした。当時はソビエト連邦が社会主義の理想の国だと考えていた共産党系の人たちが、輝けるソ連の歌を歌おうとしていたのです。ロシア民謡自体は別にイデオロギー的なものではありませんが、日本でもよく知られていたこともあり、喫茶店に行ってロシア民謡を歌うのが流行ったのです。

面白がって私も一度だけ行ってみたことがあります。感想としては「なんだ、民青の巣窟じゃないか」。民青とは日本共産党系の青年組織、日本民主青年同盟のことです。

歌声喫茶が流行った世代の次の世代では、学生運動は日本共産党に反対する反代々木派が力を持ちます。そこではロシア民謡よりも「友よ」や「フランシーヌの場合」といった歌が好まれた、というわけです。

【参考文献・資料】

ビデオリサーチ　「ＮＨＫ紅白歌合戦①世帯視聴率」
https://www.videor.co.jp/tvrating/past_tvrating/music/02/nhk-2.html
ギャガ　「映画『三島由紀夫vs東大全共闘　50年目の真実』公式サイト」
https://gaga.ne.jp/mishimatodai/
河出書房新社『憂鬱なる党派』上　高橋和巳
https://www.kawade.co.jp/np/isbn/9784309414669/
河出書房新社『邪宗門』上　高橋和巳
https://www.kawade.co.jp/np/isbn/9784309413099/
好書好日「集団主義に巻き込まれる弱さ　柴田翔『されど　われらが日々――』」
https://book.asahi.com/article/11578184
小学館『サブマリン７０７　レジェンドＢＯＸ潜航編』　小沢さとる
https://www.shogakukan.co.jp/books/77803247
Uta-Net「友よ」岡林信康
https://www.uta-net.com/song/3291/
KKBOX「手紙」岡林信康
https://www.kkbox.com/jp/ja/song/GoOJMpSgV7_Oe_Mjrc
Uta-Net「自衛隊に入ろう」高田渡
https://www.uta-net.com/song/184903/

第４章　新たな時代を切り拓いた人物たち

第二次世界大戦が敗戦に終わり、焼け野原から復興し高度経済成長を遂げる過程では各分野でさまざまな人物が活躍しました。本章では各分野で大きな影響を与えた人物を軸にして、昭和を振り返っていきます。

日本の未来図を描いた「田中角栄」

田中角栄は郵政大臣や大蔵大臣、通産大臣を経て、1972年に佐藤内閣退陣のあとを受けて内閣総理大臣に就任しました。当時54歳です。安倍総理が誕生するまでは戦後最年少で就任した総理大臣でした。

田中はその政治家としての力量や魅力から、また1918年生まれで2018年に生誕100周年を迎えたこともあり、最近になっても「田中角栄待望論」が唱えられたりします。その反面、田中金脈問題やロッキード事件で厳しく批判されたりもする、非常に毀誉褒貶《きよほうへん》の激しい人物です。どの側面に注目するかによって、評価が大きく異なってくるのです。

まず政治家・田中角栄の業績から見ていくと、やはり大きいのは将来の日本の国土のあるべき姿を描いたことがあげられます。

田中は総理大臣に就任する前の通産大臣時代に『日本列島改造論』という本を出して、これから日本をどうしていくべきかについて構想を提示しました。

その構想とは中核都市、すなわち札幌や仙台といった都市をいくつもつくり、それらを高速道路と高速鉄道網、航空路で結び交通ネットワークを形成し、日本列島全体でバランスの取れた発展ができる国づくりをしていくというものです。

この時代、大きな問題になっていたのが大都市への人口集中と地方の過疎化でした。この進行を止めるには、日本列島改造論による新たな国づくりが必要というわけです。

驚くべきは『日本列島改造論』で、もうリニアモーターカーによる高速鉄道網づくりが提唱されていることです。この時代はまだリニアモーターカーなど影も形もないにもかかわらず、です。

いま、まさにリニア中央新幹線の工事が進められています。田中はそれを半世紀も前に提唱していました。

また、この頃に田中が提唱した新幹線計画も整備新幹線として北海道新幹線や九州新幹線（西九州ルート）などで、現在も着々と建設が続いています。東京から金沢までつながった北陸新幹線もこれから福井まで延伸し、最終的には大阪までつながる予定です。

半世紀ほど前に田中が広げた大風呂敷は「本当にどこまでできるのか」と疑問も持たれましたが、半世紀も後になってそれが見事に実現しつつあるわけです。

もちろん、これ以上新幹線をつくったところで果たしてどれだけ利用されるのか、といった課題は残されています。また、一度決めたことは、運輸省、現在の国土交通省の役人はやり続けるという話でもあります。

命を懸けた日中国交正常化

もう一つ、田中の業績として大きいのは日中国交正常化の実現です。総理大臣になってわずか3ヵ月たらずで訪中し、戦後処理のなかでも非常に難しい問題を突破しました。

当時の複雑な国際情勢については後の章で触れますが、それまで日本は台湾の中華民国と国交を結んでいました。

自民党の保守勢力が「共産党独裁の中華人民共和国なんかと国交を結ぶべきではない」と主張するなかで、田中は中華人民共和国と国交正常化しようとしたので、強い反

1972年９月、日中国交正常化交渉のため中華人民共和国を訪れた田中角栄総理大臣。毛沢東主席と歴史的会談を行った。

発を受けました。

田中は海外へ行くときは、娘の田中眞紀子を連れて行くのが常でした。しかし国交正常化の交渉のために北京へ行くときは、娘を連れず一人で訪中しました。

共産党の中国と国交正常化しようとする田中の目白にある自宅は連日、右翼の街宣車が取り囲んでガンガン反対を叫んでいました。つまり、田中は命の危険を感じて眞紀子を置いていったのです。

自分はこれで命を奪われるかもしれないが、日本の将来のためには日中国交正常化が必要であると田中は考えたのですが、その理由がとても面白い。

当時の中国の人口は約８億人。そこで

こんなセリフを残しています。

「いいか、中国には8億人もいるんだぞ。一人に一本タオルを売るだけで、8億本のタオルが売れるんだ」

台湾の中華民国と共産党の中華人民共和国のどちらと国交を結ぶかというと、右翼が大騒ぎしたようにイデオロギー上の問題になりがちですが、田中はあくまで経済のことを重視していました。

これからの日本経済を考えたら、大陸の中国と関係を正常化することが大事である。言い方をかえれば、中国を巨大な人口を擁するマーケットとして見ていたのです。

これは田中角栄の大きな特質です。イデオロギーを無視するわけですから。共産党であろうと何であろうと、商売になるならそちらのほうがよいのです。

豪雪地帯の希望の星

田中角栄は新潟県刈羽郡（現柏崎市）の豪雪地帯で生まれました。実家は農家で、角栄は次男ですが長男が夭折していたので、実質的な長男です。

当時の学制はまず尋常小学校があり、その次が高等小学校です。前者はいまでいう小学校、後者は中学校にあたります。

田中は高等小学校を出ると、その段階で東京に上京しました。工事現場などで働きながら中央工学校の土木科（夜間）や英語学校に通い、まだ19歳の若さで建築事務所を設立します。

その後、日中戦争で徴兵されて旧満州で兵役につきますが、肺炎にかかって内地に送還されます。

最初に選挙へ出馬したのは1946年。戦後初の総選挙でこのときは落選しましたが、翌年行われた初の新憲法下での選挙に新潟3区から立候補し、当選しました。そこからはみるみる力をつけ、どんどん出世していきます。

豪雪地帯に住む人たちにとって、田中角栄は希望の星でした。田中は地元について、よくこう言っています。

「冬はとにかく雪に閉ざされている。それが国境のトンネルを越えて関東平野に出ると突然、晴天になる。川端康成の『雪国』の逆である。本当に不公平だ」

新潟だけではなく地方に住む者は、同じ思いを抱いているに違いない。日本列島各地に中核となる都市をつくり、それを高速鉄道網で結べば日本列島全体が均衡ある発展ができるだろう――。こうした地方へのまなざしが、日本列島改造論につながったのだと思います。

そんな政治家・田中角栄の活動を支えた後援会が越山会で、田中の大量得票を支えました。

皮肉な話ですが、もともと新潟3区は日本農民組合という社会党の支持勢力が強い地域でした。ところが農地解放で小作農がみんな自分の農地を持つようになると急激に保守化が進み、かつて社会党を支援していた革新勢力の農民たちは越山会の支持者になっていきました。

なお、みんな土地を持てば保守的になることに気付いた自民党は前述のように持ち家政策をはじめ、土地や住宅を持てるよう低利でお金が借りられる仕組みなどを整備し、後のマイホームブームにつながっていきます。

抜群の人心掌握術で天下を取った「今太閤」

政治家・田中角栄が傑出していた点の一つは、議員立法の多さです。

議員立法とは議員によって法律案がつくられ、成立した法律のことです。田中角栄ほど法律をつくった政治家はいません。

たとえば、道路特定財源。昔はあまり道路が整備されていなかったので、自動車を運転する人が使うガソリンに税金をかけ、その収入を全部道路建設にあてるという仕組みです。

いわゆる目的税で現在は一般財源化されていますが、マイカーブームが到来しモータリゼーションが進めば進むほど税収が増え、道路の整備を全国で進められるようになりました。

電源三法交付金も田中の仕事でした。

原子力発電所は大きな事故が発生すると大変な事態を招く迷惑なものなので、どこかに原発をつくろうとすると地域の人たちはみんなこぞって反対をします。だから原発をつくる自治体には莫大なお金を補助します、というのが電源三法交付金の仕組みです。

この仕組みができた結果、財源の乏しい地域が交付金と引き換えに原発を受け入れ、東日本大震災の際に事故が発生した福島県の大熊町などに原発が建設されていきました。

原発が建設された自治体には莫大な交付金が入り、学校の校舎や公民館などピカピカなハコモノがどんどんつくられていきました。原子力発電所を受け入れた自治体の公共施設は、どこも素晴らしいものです。

もう一つ、田中が傑出していたのが人心掌握術です。多くの苦労をしてきたので、人の気持ちがよくわかる人物でした。

62年に大蔵大臣に就任した際のあいさつで、田中は大蔵官僚の前でこういいました。

「今日ただ今から、大臣室の扉はいつでも開けておく。我と思わんものは、今年入省した若手諸君も遠慮なく大臣室に来てください。そして、何でも言ってほしい。上司の許可を取る必要はありません。できることはやる。できないことはやらない。しかし、すべての責任はこの田中角栄が背負う。以上!」

君たちは自由にやれ、責任は私が取るといわれて、大蔵官僚たちは一発で参ってしまいました。

しかも全員の名前はおろか、一人ひとりの入省年次まで把握していた。キャリア官僚の世界では入省年次が一年違うだけで天と地ほどの差があり、それを把握しておくと「彼はこの後、こうなる」ということまでわかります。逆に年次がひっくり返ることはあり得ません。

会った人が一発でファンになってしまう、人たらしのような魅力が田中にはありました。学歴はないが優秀で、仕事ができて人たらし。百姓の生まれから天下を取ったとされる豊臣秀吉になぞらえて「今太閤」というあだ名がつけられました。

圧倒的な「気配り」と「金配り」

田中は一方で人の気持ちをつかむため、湯水のように大金をばらまいた人物でもあります。

有名な話があります。大蔵大臣に就任した際、田中は幹部だけでなく、全省員に高級ネクタイなどいろいろなものを配りました。だから「田中は大蔵省の全役人を買収した」といわれたものです。

お金の配り方にも苦労人らしさが出ていました。たとえば役人にお金を渡そうとすると「公務員だから受け取れません」と断る人もいます。すると「いや、君にあげるんじゃない。いつも苦労をかけている奥さんにあげてくれ」といって、受け取りやすくしてやる。これで相手はころっと田中の術中にはまります。

田中のお金にまつわるエピソードは枚挙にいとまがありません。

政治資金規正法はあってもまだザル法で機能していなかった時代、越山会の会員が「田中先生のために政治献金を集めてきました」といって、目白の自宅で現金を渡すと、角栄は「いや、ご苦労であった」といって、集めてきた献金のかなりの分をがばっとつかみ取り、それを持ってきた人にポンと渡していたといいます。

つまり、支持者が政治献金を集めて角栄のところに持っていけば、そのうちのいくらかは自分の懐に入るわけです。しかも記録に残らないお金ですから、旨味を知った人は必死になって政治献金を集めるようになります。

この時代、自民党では夏になると氷代、年末になるとモチ代という形で派閥から一人あたり100万円、200万円と渡していました。いまではあり得ない話ですが、60年代や70年代はそんな状況でした。

議員はもらった氷代やモチ代の一部を秘書に渡すのですが、秘書はだいたいこれくらいもらえるだろうと考えている金額があります。「自分もいろいろ苦労したから、このくらいはもらえて当たり前」というわけで、その金額をもらってもあまり有り難みはありません。

ところが角栄は想定している2倍、3倍の金額を渡すので秘書が感じる有り難みは段違い。そうやって「この人のために働こう」という気持ちにさせていました。

人に頼みごとをする際も、引き受けた側はたとえば「これだけ手間をかけたのだから、10万円くらいはもらえるだろう」とお礼を期待します。しかし田中は期待をはるかに超えて50万円くらいを謝礼として渡します。

すると本来、頼みごとをきいてあげた側のほうが立場は上だったはずなのに、「こんなに頂いてしまった」と立場が逆転してしまい、角栄には一切逆らえなくなるのです。

こうしたお金の使い方が田中は非常に上手でした。しかもお金をばらまいた相手は多岐にわたります。

田中角栄の時代は料亭政治といって、政治家同士が料亭で密会するのが常でした。そのため新聞記者は主な料亭を回って「誰と誰が会っているか」を聞き込みしていました。

しかし田中は靴を揃える下足番にチップとして1万円を渡しました。60年代の1万円ですから、現在より価値はずっと高い。配膳係の女性たちにもびっくりするくらいのお金をばらまいていました。

だから新聞記者が「田中は誰と会っていたか」と聞き込みに来ても、下足番も配膳係も誰もみんな口を堅くして、絶対に答えなかった。そんなところでも、お金で人の気持ちを買っていたのです。

謎の資金源を暴いた「田中角栄研究」

しかし田中角栄にはなぜ、それほど莫大な金があったのでしょうか。

田中が総理大臣になったときに月刊誌『文藝春秋』が立花隆氏に「田中角栄のカネについて調べてみないか」と声をかけました。

そんな素朴な疑問から「じゃあやってみますか」と立花氏が調べ始めたところ、見えてきたのがいわゆる「金脈」の仕組みでした。

たとえば群馬県から新潟県にかけての山林地帯を買い占める。当然、山林ですから値段は安い。なんでこんなところを買ったのだろうと思っていると、そこに上越新幹線が通ることが決定し、一気に土地代が跳ね上がる、という具合です。

最もえげつなかったのが信濃川河川敷問題です。

新潟県を流れる信濃川はひんぱんに洪水が発生するため、河川敷の土地は二束三文の価値しかなく、とても売れるような代物ではありませんでした。

田中角栄の関連会社は、なぜかこの大雨のたびに水に浸かるような河川敷の土地を買い取り始めます。地主は「こんな土地を持っていても仕方がない」といって、とても安い値段で売り払いました。

そして関連企業が河川敷の土地を買い占めた後、当時の建設省は信濃川と河川敷の間に巨大な堤防をつくりました。堤防ができた途端、二束三文だった土地は浸水する心配のない、市街地に近い一等地に大化けしたのです。

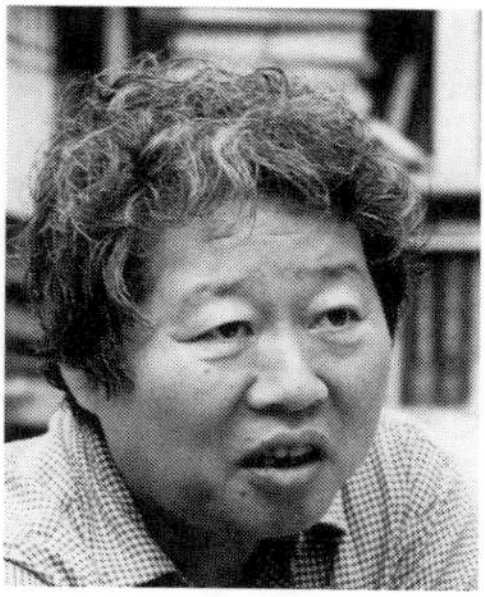

立花隆（1940-2021年）。ジャーナリスト、ノンフィクション作家。テーマは生物学、医療、宇宙、政治、経済、哲学など多岐にわたる。「田中角栄研究――その金脈と人脈」で不動の地位を築いた。

要するに田中角栄はどの役所が今後、どんな事業を手掛けるかを把握して、ダミー会社を使って事前に土地を買い占めていたのです。

立花氏は田中の資金づくりについて土地の登記簿謄本を取って調

べ上げ、『文藝春秋』74年11月号に「田中角栄研究――その金脈と人脈」として発表しました。

外国人記者の追及に主要メディアが追随

『文藝春秋』で記事が出た後、新聞各社の政治記者は「こんなことは知っていた」とうそぶいていましたが、知っているわけがありません。「田中角栄研究」は土地の登記簿謄本を取って緻密に調べ上げた調査記事です。

しかも新聞社が後追いしようと思ったら、調査記事で使用された登記簿謄本を全部取らなければいけません。そのため新聞社は無視を決め込みました。

ところが記事が出た後に、日本外国特派員協会で田中角栄の講演が実施されました。この講演会は記事が出る前から予定されていたものです。

講演が終わった後、外国人記者たちは次々に「田中角栄研究」について質問を浴びせます。外国人記者だから忖度《そんたく》はありません。

田中としてみればそんなことを聞かれるとは思っていなかったので、汗まみれになり、しどろもどろで釈明を繰り返しました。

総理大臣の講演ですから、この場には新聞社をはじめ日本のメディアも多数来ていました。この様子を見て翌日、ようやく新聞各社が「金脈問題を追及され、田中首相が立ち往生した」と金脈問題を記事にしました。

この構図は近年のジャニーズ報道とよく似ています。ジャニーズの性加害問題は『週刊文春』が長年にわたり追い続け、書き続けていましたが、他の主要メディアは無視してきました。

それが外国メディアであるＢＢＣが番組で告発したり、日本外国特派員協会で元ジャニーズJr.のメンバーが性被害について記者会見したりすることで、ようやく主要メディアでも取り上げるようになったのです。

さて、金脈問題について野党が国会で追及し、マスメディアで取り上げられるようになった田中内閣はオイルショックによる狂乱物価もあって、総辞職に追い込まれました。

その後、76年に米航空機メーカーのロッキード社が各国の政界要人にリベートを贈ったロッキード事件が表ざたとなり、田中角栄は逮捕されます。

元総理大臣が逮捕されたのですから、世の中は騒然となりました。ロッキード事件は

1983年、ロッキード事件丸紅ルート公判のため東京地裁に入る田中角栄被告。東京地裁前で大勢の取材陣のフラッシュを浴びる。

他にも政財官界から多くの逮捕者が出て、戦後最大の汚職事件となりました。

起訴された田中は第一審、第二審ともに有罪となり、最高裁判所に上告しました。しかし、第一審と第二審の間に田中は脳梗塞で倒れています。そして最高裁の判決が出ないまま、93年に75歳で一生を終えました。

金で票を買う選挙から金のかからない選挙へ

このように見ていくと、田中角栄がいかに毀誉褒貶の激しい、評価の難しい政治家であるかがわかるでしょう。

金の力にものを言わせていた田中角栄ですが、皮肉なことに金脈問題やロッキード事件をきっかけに、日本の政治は金の面できれいになっていきます。

あまりに金権的過ぎてすべてが金で動いていた反省から政治資金規正法が改正され、なるべく金がかからない政治にしていこうという動きが始まったのです。

それまでは選挙のときに金が飛び交うのは当然で、途上国でよく見られる金権選挙そのものでした。自民党は選挙のときに金をばらまき、票を買って当選するのが当たり前でした。

たとえば中選挙区時代の群馬3区は福田赳夫《たけお》に中曽根康弘、小渕恵三という総理大臣を経験することになる大物政治家が並ぶ激戦区でした。

とくに福田、中曽根の間で激しい戦いが繰り広げられるなか、両者はともに選挙事務所に巨大な食堂をつくりました。選挙戦が始まると有権者はそこにタダ飯を食べに行くのです。

これは有権者を食事で釣ろうとするもので、それぞれ福田食堂、中曽根レストランと呼ばれていました。もちろん買収になるので本当はダメなはずですが、群馬県警は取り締まろうとしない――。そんなことが当たり前のように行われていました。

政治家は金で支持者を獲得する一方、有権者も政治家の金に群がっていたわけです。

「選挙になれば金が入るぞ」と。

田中はロッキード事件で逮捕された後に行われた76年の総選挙で、圧倒的な得票数でトップ当選を果たします。

このときの選挙では新潟3区の田中角栄のほか、やはりロッキード事件での関与が疑われた元運輸政務次官の佐藤孝行が北海道3区から、ラスベガスのカジノで負けた約5億円を小佐野賢治に送金してもらい、なんとか帰国できたことが発覚したハマコーこと浜田幸一が千葉3区から出馬するなど、各地の「3区」でお金まみれの候補者が立候補しました。

これをNHKはシリーズで夜7時のニュースで取り上げることになり、私は千葉3区担当になって取材しました。

同区の有権者にインタビューすると、「選挙なんだけどまだ金が来ない」、「金が来るのを待っているんだ」といったコメントがどんどん取れてしまい、彼らの顔を隠してニュースで流しました。70年代でも日本の選挙はそんな状態で、びっくりするぐらい遅れていたのです。

途上国のような選挙ぶりを物語る事件としては、「津軽選挙」も有名です。

青森県の津軽地方では中選挙区で、保守系の自民党候補同士が激しく争っていました。投票が終了し、体育館で開票がはじまると突然、停電。電気がつくと、特定の候補の票を積み上げた束が消えています。それらの票は後になって、体育館の外の下水に捨てられているのが見つかりました。

要するに、開票作業を行う県職員の中にもどちらかの陣営に属していた人たちがいたのです。このため開票作業を行う人はポケットがない特別な上着を着て票を持ち出せないようにするとともに、照明の電源は停電を起こせないように警察官が監視することになりました。

田中の女性問題を暴いた「淋しき越山会の女王」

「今太閤」と称された田中角栄は豊臣秀吉と同じように、湯水のような金遣いとともに記者の間では派手な女性関係でも知られていました。

田中は正妻との間に生まれた長男を4歳で亡くし、その後、眞紀子が生まれましたが、正妻のほかに2人の愛人がいました。

一人は神楽坂芸者の女性、もう一人は秘書兼金庫番の佐藤昭さんです。元秘書の証言では「全国津々浦々に愛人がいた」そうですが、よく知られているのはこの2人です。芸者の女性との間には2人の男の子が生まれ、佐藤さんとの間には娘が生まれています。男の子は角栄そっくりの顔をしているといわれていました。

毎年1月1日、田中は目白の自宅で新年を迎え、1月2日は神楽坂の芸者の家で過ごしました。そのため眞紀子は1月2日に荒れ狂ったといわれています。自分の父親が別の女性のところに行くわけだから、その気持ちはよくわかります。現在なら有権者から強い批判を受けることでしょう。

昔はこうした女性関係について、「政治家のへそから下は問わない」といって主要メディアは一切報じませんでした。

しかし『文藝春秋』は「田中角栄研究」を掲載した同じ号に、ルポライターの児玉隆也氏が執筆した「淋しき越山会の女王」というルポを載せました。

これは総理大臣の愛人にして金庫番である佐藤昭さんの存在を暴いたものです。田中は自身の金脈を暴いた「田中角栄研究」よりこちらの記事に衝撃を受けたといわれます。

それまで政治家の女性問題を取り上げるメディアはなかったので、この記事で一般の人々が田中の愛人の存在を知ることになりました。ただし、主要メディアが積極的に政治家の女性問題を取り上げるのはもっと後になってからです。

そのきっかけになったのはリクルート事件で退陣した竹下登首相の後を受け、89年に総理大臣に就任した宇野宗佑《そうすけ》の女性スキャンダルでした。

宇野は神楽坂で芸者をしていた女性の3本の指を握り「これでどうだ」と言ったといいます。三本指、つまり月に30万円で愛人にならないかと持ちかけたのです。

女性はこの話を受け入れましたが、あまりに宇野がケチだったため、総理大臣になったときにマスコミに告発しようとしました。しかし、どの媒体に持ち込んでもなかなか相手にしてもらえなかったのですが、週刊誌の『サンデー毎日』だけは当時の編集長だった鳥越俊太郎氏が「これはやらなければいけない」といって記事にしました。

リクルート事件と消費税問題に加え「三本指」スキャンダルが逆風となって、89年の参議院選挙で自民党は惨敗。宇野内閣は退陣に追い込まれ、総理大臣在職日数はわずか69日の短命で終わります。

スーパーマーケットの覇者・ダイエー中内㓛

全国のあちこちに店を構え、食品や日用品など消費者の生活に必要な商品を揃え、手頃な価格で販売するスーパーマーケットは、人々が生活する上で欠かせない存在になっています。

第2章でも触れたようにスーパーマーケットが登場する前、日常的な買い物は八百屋や肉屋、魚屋など同じ種類の商品を販売するお店に行って、欲しい物を対面販売で売ってもらうというスタイルでした。

ところがスーパーマーケットでは一つの店にいろいろな種類の商品が並べられ、客は欲しい商品を自分で手に取りカゴに入れ、レジでまとめて金を払うセルフサービス方式が取り入れられました。

一ヵ所で欲しい商品がすべて揃い、自分で手に取って選ぶことができ、店員とやり取りする煩わしさがなく、大量に仕入れるので価格は手頃。いまでは当たり前になったこの販売方式は非常に革新的でした。

登場した頃は「スーっと現れてパーっと消える」と揶揄《やゆ》されたスーパーマーケットですが、日本では50年代から普及が進みました。この動きをリードしたのが中内㓛《いさお》氏率いるダイエーグループです。

中内氏は57年に大栄薬品工業を設立しました。大きく栄える薬品、ということで、手掛けたのは薬の安売りです。お店は大阪の京阪電鉄千林駅前の好立地で、屋号は主婦の店・ダイエー薬局。

薬品類の安売りは今なら当たり前ですが、昔はあり得ないことでした。値段は全部、当時の厚生省が決めていたからです。しかし中内はいろいろな問屋から仕入れることで安売りを実現し、「薬が安く買える」とものすごい人気を集めました。

中内㓛（1922-2005年）。戦後日本のスーパーマーケットの黎明期から立ち上げに関わり、消費革命に大いに貢献した。

そのうちに近所の客から「こんなに人気があるなら薬以外の物も売ったら」といわれたのをヒントに店で扱う商品を増やしたところ、大いに当たりました。

もはや取り扱う商品は薬だけではないの

で、中内氏は店名を主婦の店ダイエー、その後ダイエーとし、「よい品をどんどん安く、より豊かな社会を」を理念に店舗を増やしていきます。72年には売上高で百貨店の三越を抜いて、日本の小売業のトップに躍り出ました。凄まじい成長スピードです。

その後もコンビニエンスストアのローソンや百貨店のプランタンなど、スーパーマーケットに留まらずビジネスを拡大していきます。さらにはプロ野球球団などの派手な企業買収も手掛け、中内は巨大企業グループを築き上げました。

ところがその後、ダイエーは深刻な経営不振に陥り、２０１５年にライバルだったイオングループの傘下に入り、栄華を誇ったダイエー帝国は滅亡しました。

バイイング・パワーと「ダイエー・松下戦争」

なぜ、中内はスーパーマーケットという新しいビジネスを急拡大することができたのか。そのキーワードが「バイイング・パワー」です。

昔の小売店が物を販売しようとするときは、メーカーや仕入れ先が決める「定価」に縛られていました。物を小売店に売る側が「この値段で売りなさい。安売りは認めない」と指示していたのです。物を売る側であるメーカーのほうが小売店よりも力が強く、店はそれに従うしかありませんでした。

しかし中内は「うちが大量に仕入れて売るから安くしろ」と値引き交渉をしていきました。するとメーカーや問屋も「たくさん売ってくれるなら値引きしましょう」と応じるところが出てきます。ダイエーはこうして価格破壊を行っていきました。

要するに、たくさん仕入れて消費者に売る力を背景に、小売店がメーカーや問屋から価格決定の主導権を奪った。これがバイイング・パワーであり、中内は「よい品をどんどん安く、より豊かな社会を」の実現に挑戦していきました。

商品を大量に仕入れて大量に売るには、店舗の数を増やす必要があります。そこでダイエーは日本中に店舗を展開し、拡大路線を突き進んでいきました。

しかし安売りは消費者から支持されるとはいえ、既存の商習慣への挑戦ですから一筋縄ではいきません。その軋轢《あつれき》が表面化したのが「ダイエー・松下戦争」でした。

1960年代は電気洗濯機、電気冷蔵庫、白黒テレビの三種の神器をはじめ、電化製品が消費者に強く求められるようになった時代です。ダイエーでも当然、家電製品を店で販売しようとしました。もちろん他の店よりも格安で。

電化製品のなかで圧倒的に人気だったのが、松下電器が製造する「ナショナル」ブランドの製品です。松下電器は現在のパナソニックの前身で、「パナソニック」は海外向けのブランド名でした。

ナショナル製品はアフターサービスを完備した、全国のナショナル専売店で販売されていました。他のメーカーはダイエーで家電製品を販売することを認めていましたが、松下電器は定価販売しか認めていませんでした。

そこでダイエーは卸業者からこっそりナショナル製品を仕入れて、安売りを始めました。これを見たナショナル専売店は「なぜ安売りを認めているんだ」と松下電器を突き上げ、ダイエー・松下戦争が始まりました。

こっそりダイエーに製品を卸している業者を特定するために、松下電器は社員がダイエーの店頭に出向いて製品を購入。製品の内部には製品番号が書かれているので、それを見ればどの卸業者がダイエーに横流ししたかはすぐわかります。

松下電器は特定した卸業者に「お前のところにはもう売らないぞ」と圧力をかけ、ダイエーとの取引をやめさせようとしました。

しかし、これで引き下がるような中内ではありません。松下電器の動きに気付いたダイエーは、製品番号を削り取って販売しはじめました。これならダイエーに売っている卸業者はわかりません。

すると松下電器は特殊な光を当てると番号が浮かび上がるようにして出荷を始めます。対するダイエーは国会議員を招いて「松下電器のやり方は独占禁止法違反である」と訴えました。両社ともに凄まじい闘争心で、中内がいかに安売りにこだわっていたかがわかるでしょう。

松下「水道哲学」VS中内「安売り哲学」

中内がこれほど安売りにこだわった背景には、過酷な戦争体験があります。

22年生まれの中内は神戸高等商業学校（現兵庫県立大学）を繰り上げ卒業させられ商社に就職しましたが、一年もたたずに軍隊に召集されました。

最初に旧満州、次にフィリピンのルソン島へ配属され、この従軍時代には米軍の手榴弾で大けがするなど、何度も死にかけています。

飢餓にも直面しました。

「腹が減ったな。何か食いたいな。すき焼きが腹いっぱい食いたいな」

真っ暗な夜、兵隊仲間と語り合いました。しかし飢えで体力が低下しマラリアにかかったときは、「このままでは仲間に食われてしまう……」と恐れたといいます。先に死んだ兵士が仲間に食べられたという噂があるほどの極限状態だったのです。

生きるか死ぬか、ぎりぎりの状態をなんとか乗り切って帰国した中内はこう決意します。

「日本は二度と戦争をしてはいけない。戦後日本の人たちが腹いっぱいすき焼きが食べられるような社会にしたい。それを実現するために自分は『安売り』の商売がしたい」

何度も死に直面するような悲惨な思いをしたので、戦後の日本を豊かにしなければいけない。豊かにするためにはみんなが安くて良い物を買えるようにしよう。そう決意したのです。

この時代は戦争体験が原動力になっている人がたくさんいました。たとえば、第2章でも触れたインスタントラーメンを世の中に広めた日清食品の創業者、安藤百福もその一人です。インスタントでラーメンが食べられるようにしようと情熱を燃やし、実現にこぎつけています。

一方、ダイエー・松下戦争で敵対した松下電器の創業者、松下幸之助は「水道哲学」という経営哲学を持っていました。

明治生まれの松下は「産業人の使命は貧乏を克服し、富を増大すること」であるとし、そのために「物資の生産に次ぐ生産」によって、水道水のように物資の価格を限りなく安くしていこうと説きました。

日本の水道水が蛇口をひねれば誰でも飲めるのは、量が豊富でタダ同然だからである。それと同じように大量に商品を生産し、大量に供給すれば、誰もが安い値段で商品を手に入れられるようになって暮らしが豊かになる、というわけです。

松下幸之助（1894-1989年）。実業家、著述家。パナソニックグループを一代で築き上げ、PHP研究所を設立、松下政経塾も立ち上げるなど幅広く活動した。

水道哲学は日本が貧しい時代に松下幸之助が胸に抱いた理念であり、多くの人が感動し、いまでも語り継がれています。

皮肉なことに、この水道哲学の松下と安売り哲学のダイエーが対立し、長年にわたって角逐《かくちく》を繰り広げました。人々の貧しさからの脱却と豊かな生活の実現を目指した者同士であるにもかかわらず。

ダイエー・松下戦争の終結は94年まで待たねばなりません。

この年、ダイエーは忠実屋というスーパーを買収しました。松下電器は忠実屋との取引があり、ダイエーの一部門になった後も引き続き取引を続ける。つまり、松下はダイエーを表向き許さないが、実質的に取引を行えるようにすることでお互いの顔を立てて和解しました。

消費に文化を持ち込んだセゾングループ堤清二

60年代に入ってから盛んに使われるようになった言葉に「流通革命」があります。その担い手となったのが中内さんのダイエーやイトーヨーカ堂、現在のイオンの前身であるジャスコといった企業で、大量生産・大量消費の時代に大きく飛躍しました。

そのなかで、他とはかなり毛色の違う会社があります。堤清二率いるセゾングループで、西武百貨店や西友などの企業で構成されていました。もともと西武流通グループという名称でしたが、セゾンカードの成功を受けてセゾングループに名前を変えています。昭和の物質的に豊かになる過程を振り返る上で、こちらも触れておきましょう。

語弊のある言い方かもしれませんが、とにかく安売りで儲けるという中内に文化の香りはありません。しかし辻井喬というペンネームを持つ作家でもある堤の事業展開は文化の香り漂うもので、PARCOや無印良品といった新しいビジネスを生み出しています。

堤の父親は西武グループ創始者の堤康次郎で、清二には西武百貨店を任せました。その頃、池袋の西武百貨店は「ラーメン・デパート」と呼ばれていたと清二自身が語っています。何も買う物がなく、「ラーメンでも食べるか」と店に入ってみたら、本当にラーメンを食べるくらいしかない、というわけです。おんぼろデパート、田舎の下駄ばきデパート、とも。

堤清二（1927-2013年）。実業家、小説家。筆名は辻井喬。公益財団法人セゾン文化財団理事長、社団法人日本文藝家協会副理事長などを歴任した。

堤義明（1934年-）。実業家。西武鉄道グループの元オーナー。インサイダー取引で有罪判決を受けた。堤清二氏は異母兄にあたる。

清二が再建に取り組んだ西武百貨店は高度経済成長の波に乗って業績を伸ばし、次々に出店していきます。

清二には異母弟の堤義明がいます。64年に父が亡くなると清二は百貨店など西武グループの流通部門だけを相続し、グループの中核である鉄道やホテルなどは義明が相続しました。

清二はスーパーマーケットの西友ストアーを西武鉄道の沿線に出店して業績を拡大していき、69年には池袋にファッションビルのＰＡＲＣＯを開店します。

池袋駅東口には西武百貨店とＰＡＲＣＯの店舗が並んでいますが、両方の店舗を比べてみると屋根の高さが微妙に違います。なぜだと思いますか？

実はＰＡＲＣＯのあった場所は以前、丸物《まるぶつ》百貨店というデパートでした。関西系の丸物は競争に負けて西武百貨店の傘下となりましたが、この2つの店はとなり同士です。

並の経営者なら百貨店の売り場を広げようと考えるでしょう。しかし堤は「百貨店とはまったく異なる業態をつくれないだろうか」と考え、中学時代の同級生である増田通二に全権をゆだねました。

増田は東大在学中に国土計画で働きはじめ、高校の教師を経て妻の実家の日本料理店「花家」を手伝っていたときに、堤に乞われて西武に入社した変わり種の人物です。

増田がつくった、イタリア語で公園を意味するＰＡＲＣＯは従来の百貨店とは異なり、若者たちが気軽に入れるショッピングセンターとして人気を集め、池袋に次いで渋谷へ進出します。

「文化で街づくり」渋谷公園通りの変貌

西武流通グループの渋谷進出は大きな波紋を起こしました。

清二の父、西武グループの堤康次郎は強引な商売のやり方で「ピストル堤」と呼ばれましたが、そのライバルが渋谷に本拠を置く東急グループの総師で「強盗慶太」の異名を持つ五島慶太でした。両者は箱根のバスの運行シェアをめぐって「箱根山戦争」と呼ばれる戦いを繰り広げた因縁がありました。

ですから周囲は「東急のおひざ元、渋谷に康次郎の息子が殴り込み」と大騒ぎになりました。しかし清二はちゃんと東急と話をつけて渋谷に西武百貨店をつくり、公園通りにＰＡＲＣＯを出店します。しかも渋谷ＰＡＲＣＯの最上階にはパルコ劇場がつくられ、最先端の現代演劇を上演していきました。「文化で街づくりをしたい」という堤の思いからです。

渋谷ＰＡＲＣＯが開店した73年当時、公園通りのあたりはラブホテルが点々と立ち並ぶエリアでした。それがＰＡＲＣＯの開店をきっかけに、現在のようなおしゃれで華やかな街に変貌していきます。単に物を売るのではなく文化を売る、ライフスタイルを売る。そんな堤の面目躍如でしょう。

お中元やお歳暮の包み紙が三越や高島屋だと何かブランドの価値を感じるように、西武百貨店もそんなイメージが持たれるようになりました。おんぼろ百貨店といわれた西武百貨店ですが、「店に行ったら何か最先端のファッションが見られるんじゃないか」と、消費者をワクワクさせる存在になったのです。

堤は拡大路線を続け、流通業だけに留まらずホテル事業にも進出。88年にはなんと世界でホテルを展開しているインターコンチネンタルホテルズグループを買収します。無理に無理を重ね、多額の負債を重ねて。

しかし、これが堤の命取りとなりました。バブル経済の崩壊で業績が悪化し、インターコンチネンタルの買収で抱えた多額の負債が重荷となって、清二は91年にセゾングループの代表を辞任します。セゾングループは解体され、西武百貨店や西友、ＰＡＲＣＯ、無印良品などの傘下企業はばら売りされてしまいました。

なぜ、清二は無謀にも思えるインターコンチネンタルの買収にひた走ったのか。そこにはプリンスホテルを持っていた、弟の義明への対抗心がありました。

かつてプリンスホテルでは他のカードは何でも使えるのに、セゾンカードだけは使えませんでした。そのくらい堤家の異母兄弟は対抗心を燃やしていました。

私は清二の生前にインタビューをしたことがあります。最終的にいろいろ失敗した話を聞いたあと、「結局、義明さんへの対抗心だったのではないですか」と問いかけたところ、しばらく沈黙の後、「言われてみれば、そうかもしれない」と認めていました。

ダイエー・セゾングループはなぜ凋落したか

一方、やはり拡大路線を突き進んでいたダイエーにも落日がやってきました。

バブル経済の崩壊は土地価格の上昇を前提としたダイエーの全国展開に深刻な影響を与えました。中内は店の土地を買い、地価が上がったところで余分な土地を売却したり、土地を担保に金融機関から金を借りたりして規模を拡大していましたが、この方法ができなくなってしまいました。

人々の消費も減った上に、何でも幅広く取り揃えている総合スーパーや百貨店は専門店に客を奪われていきます。

専門店とは家電のヤマダホールディングスやビックカメラ、衣料品のユニクロ、紳士服の青山やＡＯＫＩといった店です。こうした専門店のほうが、総合スーパーや百貨店よりも各分野の品揃えが豊富です。たとえば家具を買うなら、やはり総合スーパーよりニトリやＩＫＥＡに行こうと考える人のほうが多いでしょう。

利便性の高いコンビニエンスストアの成長の影響も受けました。60年代、70年代に輝いていた「何でも取り揃えています」の店は、いつの間にか魅力のない店になっていたのです。

こうしてダイエーは経営破綻に追い込まれてしまいました。

ではバブル崩壊後、すべてのスーパーマーケットがダメになったかといえば、必ずしもそうではありません。

ダイエーを傘下に収めたイオングループは、郊外に大規模な店をつくっていきました。そこには広い駐車場が用意され、映画館や大きな書店があり、子供が遊べる場所もある。家族全員で一緒に車に乗って店を訪れ、親がショッピングをしている間に子供たちは遊んでいられるし、お茶や食事もできる。

つまり、イオンはそこに行けば買い物ができて家族と楽しく過ごすこともできる、ショッピングセンターでもありレジャーセンターでもある店をつくっていったわけです。

ところが中内のダイエーは時代が大きく変化しているのに、自らの成功体験から抜け出すことができませんでした。

人々が貧しい生活を送り、メーカーが価格決定権を握っていた時代にバイイング・パワーを行使して安売りを行った中内は、人々の生活を豊かにしました。しかしみんなが豊かになりお腹いっぱいすき焼きが食べられるようになった後は、買い物自体も楽しくなければ魅力がない。結局、中内は時代を読み誤ったのです。

中内切と堤清二という時代に大きな影響を与えた2人の経営者に共通しているのは社内でカリスマ的な存在であり、ワンマン経営者であった点です。

堤は経営会議になるといろんなアイデアをたくさん出しましたが、それを聞いた経営陣は何をいっているのかよくわからない。すると清二は「なんでわからないんだ！」といって役員の頭を書類で叩いて回った――。そんなエピソードがあるくらい、飛び抜け過ぎていたんですね。

中内も社内に「社長、それは違います」と直言できる人はおらず、彼を支える人はいなかった。中内は結局、息子に譲らざるを得なくなりますが、巨大企業を率いるには力不足でした。

しかし、中内を嗤《わら》うことはできません。

創業者から代替わりしても発展する企業はソニーにせよホンダにせよ、ワンマン経営者であっても支える人が必ずいました。それはわかっていても、ユニクロのファーストリテイリングやニデック（旧日本電産）など後継者の確保、育成がうまくいっていない企業は令和になってもあります。

変化していく時代に適応し、後継者を育成して次の世代に企業を引き継いでいくことは、そう簡単な仕事ではないのです。

新しい皇室像をつくった明仁上皇・美智子上皇后

明治時代に定められた大日本帝国憲法（明治憲法）では、国家の主権は天皇にあり、天皇の地位は神聖なもので侵すことはできないとされていました。

しかし第二次世界大戦で敗北した後、47年に施行された日本国憲法では国民主権・基本的人権の尊重・平和主義という原則に立ち、天皇は日本国と日本国民統合の象徴で、国政に関する権能を有しないと定められました。

主権は天皇から国民へ、天皇は現人神から国民統合の象徴へ。戦前と戦後で日本における天皇の位置づけや役割は大きく変わりました。

明治憲法で即位した当時の昭和天皇は戦後、新しい憲法下での立ち位置にずいぶん戸惑ったといわれています。天皇はあくまで象徴で権能がなく、政治的な発言をしてはいけないとお付きの者がいうと「なぜ自分が意見を言ってはいけないんだ」と不満をもらしていたそうです。

そんな大きな変化のなかで皇太子として育ち、昭和天皇の崩御を受けて平成時代の天

明仁上皇と美智子上皇后。2023年８月長野県軽井沢を静養のために訪れ、大日向開拓地記念碑付近を散策されるお二人。

皇となり、２０１９年に退位されたのが明仁上皇です。明仁上皇は新しい日本国憲法で初めて即位された天皇であり、「国民統合の象徴」としての天皇という前例のない、非常に抽象的な役割がどういうものかを皇太子時代から考え、新しい時代の皇室像を美智子上皇后と共につくりあげてきた人物です。

第二次世界大戦前の１９３３年に生まれた明仁上皇は、昭和天皇と同じような育て方をされました。それは住まいを両親とは切り離され、別の場所で養育されるというものです。

昭和天皇はこのため一人で過ごす時間が長く、言語の形成が十分でなく普通の日常会話ができなかったといわれます。戦後、昭和天皇が地方巡幸で各地を回った際、何を話しても「ああ、そう」としか言わない。それを見た宮内庁は一人で置いておくのはよくないと考え、慶應義塾の塾長を務めた小泉信三を明仁皇太子の家庭教師に付けました。

明仁皇太子にはもう一人、家庭教師がいました。それはアメリカ人女性のヴァイニング夫人で、終戦の翌年から4年間、家庭教師に就きました。右派は「GHQに押し付けられた」と反発しましたが、実は外国人の家庭教師を希望したのは昭和天皇自身でした。アメリカから来日した教育使節団の団長に「皇太子の家庭教師をアメリカから派遣してくれ」と要望したのです。

ヴァイニング夫人は学習院で英語を教えるとともに、学習院の中等科に進んでいた皇太子の英語の家庭教師として、アメリカの文化についても教えました。

彼女は自著で、皇太子は「すべてにわたって受け身であった」と記しています。周りの人たちがすべてやってくれるので、自分で何かをしようとする発想がなかったのですね。これではいけない。ヴァイニング夫人は事あるごとに「さあ、どうしますか?」と問いかけて、自らの意志で行動する大切さを伝えていきました。

テニスコートの出会いとミッチー・ブーム

明仁皇太子と美智子さまは57年8月、軽井沢のテニスコートで運命の出会いをします。お二人の結婚と子育ては、従来の皇室とは違うやり方で行われました。

上皇后陛下は日清製粉の元会長である正田英三郎氏の長女として生まれ、聖心女子大学の文学部外国語外国文学科を首席で卒業し、卒業式では総代として答辞を読んでいます。

大企業の経営者の娘で、きれいで上品で学業成績も優秀な素晴らしい女性。しかし、皇太子妃は旧皇族か旧華族から選ばれるものとされていたので、「平民」で製粉会社の「粉屋」出身の美智子上皇后との結婚に反対する守旧的な人たちもいました。

ところが一般の国民は皇太子妃の誕生に沸き立ち、「ミッチー・ブーム」が起こりました。お二人の結婚は恋愛だといわれていたので、「未来の天皇が恋愛で結婚するんだ」と。しかも皇太子妃は貴族ではなく平民出身で、テニスコートで出会い恋に落ちる。これはもう戦前の皇室とはまったく異なる新しい感覚で、おとぎ話のようでした。

昔の皇室は子供が生まれなければ側室が設けられました。たとえば大正天皇は明治天皇の側室の子供です。

しかし、昭和天皇は側室を設けていません。昭和天皇もなかなか男の子に恵まれなかったため「側室を取ったらどうですか」と周囲から勧められましたが、「良子《ながこ》がいい」といって断ったといいます。良子さまとは奥様である香淳皇后のことで、その後、生まれたのが明仁上皇です。だから生まれたときは大騒ぎで、サイレン

婚約後の明仁親王と正田美智子さん。テニスコートでダブルスを組んだ縁で婚約をされた後の笑顔のお二人。「ミッチー・ブーム」が起きました。

を大きく鳴らして男子の誕生を広く知らせました。

明仁皇太子と美智子妃殿下の馬車に乗ってのご成婚パレードは実況中継され、これを見るために白黒テレビ受信機が爆発的に売れて、テレビの普及につながったのはすでに述べた通りです。

60年に徳仁親王が生まれると、お二人は子供を一緒の家に住んで育て始めました。これは当時の宮内庁にとっては驚天動地で、強い反発を受けたようです。昭和天皇や明仁上皇が両親とは離れて別の場所で養育されたのとは逆で、生まれた子供と一緒に暮らすのは伝統的な育て方に反していたからです。

しかし、お二人は自分たちの意志を貫いて、子供たちと生活を共にしながら育児を行いました。そこには子供の頃、両親と離れて養育され孤独な思いをした明仁上皇の、温かい家庭を欲する気持ちがあったのだと思います。

美智子妃は日米修好通商百周年記念事業でアメリカに行くとき、まだ生後7ヵ月だった親王は留守番で、留守を預かるお付きの人に子育てに関する注意事項のメモを渡しました。その後も折に触れてつくった子育てメモは「ナルちゃん憲法」と呼ばれ、60年代から70年代に育児法・教育法として広がりました。

ナルちゃん憲法の内容を皇室ジャーナリストが取材して本にした『ナルちゃん憲法』（松崎敏彌　光文社文庫）を読むと、たとえば「悪いことは悪いと厳しく叱ってもらえるように」とあります。いずれ天皇になる人であっても、いや、だからこそちやほやしてはいけないというわけです。その一方で「一日に一回くらいはしっかり抱いてあげてください」ともあります。もちろんご本人がいるときは、ご自身で抱きしめられたのでしょう。

皇太子一家の家族団らんの姿がメディアで報じられたり、お忙しいなかナルちゃん憲法で子育てに奮闘する姿が伝えられたりすると、「皇室も私たちと同じような生活を営んでいるんだ」「子育てで悩まれることもあるのだな」と、戦前の皇室とは打って変わって親しみを感じる人が多かったと思います。

慰霊の旅と「国民統合の象徴」が果たすべき役割

お二人は沖縄返還から3年後の75年7月、沖縄海洋博の名誉総裁として初めて沖縄を訪問されました。

戦争で日本がいろいろなところで積み残した課題、とりわけ平和に関する積み残しを自分の手で何とかしなければいけないとの思いが明仁皇太子にはありました。

沖縄は日本が戦争で負けた後、切り離されてアメリカに統治されていた場所です。それがようやく日本に返還された。しかも沖縄戦では昭和天皇の名のもとに実に多くの人たちが死んでいきましたから、明仁皇太子は何とかしなければいけないという強い思いがあって沖縄へ向かいました。

この沖縄訪問時、ひめゆりの塔に献花をされたときに隠れていた過激派2人がご夫妻に火炎瓶を投げつける事件が発生しています。幸い、お二人に直接当たることはありませんでしたが、明仁皇太子がとっさに美智子妃をかばったことが「さすが」と話題になりました。

火炎瓶事件があった日の夜、明仁皇太子は次の談話を発表しています。

「払われた多くの尊い犠牲は、一時の行為や言葉によってあがなえるものではなく、人々が長い年月をかけて、これを記憶し、一人ひとり、深い内省の中にあって、この地に心を寄せ続けていくことをおいて考えられません」

この言葉通り、お二人はその後も太平洋戦争の旧戦地を訪れ、犠牲者に対して手を合わせる慰霊の旅を続けていきます。沖縄には何度も足を運び、硫黄島やサイパン島など太平洋の戦跡をいくつも訪ねていきました。サイパン島ではアメリカ兵の墓地や朝鮮半島出身者の慰霊碑「太平洋韓国人追念平和塔」も訪れています。

これは父親である昭和天皇がなしえなかったことであり、父親がまいた種をなんとか

1975年、沖縄訪問時にひめゆりの塔に献花をされる明仁親王と美智子さま。このあと過激派がお二人に火炎瓶を投げつける事件が起きた。

したい、戦争で亡くなった人々に心を寄せて慰霊をしなければ本当の意味で戦後を終わらせることができないという強い想いがあったのだと思います。

また、これは平成時代に入ってからの話ですが、43人の犠牲者を出した91年6月の雲仙普賢岳の大噴火から1ヵ月後、明仁天皇・美智子皇后ご夫妻は被災地を訪れました。まだ噴煙が上がり「危ないんじゃないか」と危惧されるなか、あえて避難場所を訪問した。そして床に膝をついて畳に座る被災者と直接会話をしていったのです。

その後も阪神・淡路大震災や東日本大震災などの災害が起こると、お二人は被災地を訪れて慰問を続けています。

明仁上皇は皇太子時代、新しい日本国憲法で即位する初めての天皇になることをずっと意識し、「象徴天皇とは何だろうか」と自問自答を続けていたようです。国民統合の象徴であるが権能を持たないとはどういう存在なのか。

そこで出した答えは、国民と共にあって、困っている国民に寄り添うことが自分の役割ではないか、と。だから旧戦地を訪ね歩いて慰霊を続け、あるいは大災害が発生すればすぐに現地を訪れ、膝をついて困っている被災者と話をする。これはとても素晴らしいことだと思います。

国民と共にあり、困っている人に寄り添う

象徴天皇制の定着に明仁上皇が果たした役割は非常に大きいと思います。家族団らんをする姿や慰霊の旅、被災地を訪問する姿を見て「これが象徴天皇というものなのか」と国民はだんだん理解していきましたから。

ただ、戦前とは大きく異なる新しい皇室の姿は、伝統的なあり方を重んじる人々からすると「これが皇室のあるべき姿だろうか」となって反発を受けました。

とくに美智子妃は、古くから皇室にいる人からすれば、「平民のくせに皇室に入って伝統を壊そうとしている」と映ります。そのため一時期、『週刊文春』や『週刊新潮』での皇室バッシングがひどくなります。

書かれる内容は夜中に起きてきてお付きの者にリンゴを剝かせたといったどうでもいい話なのですが、問題は内部の人間でなければ知らない話が漏れていたことです。

あまりのバッシングの激しさに美智子妃は心労から倒れられ、声が出なくなってしまいます。ここから世間の風向きが変わってバッシングは収まりましたが、しばらく声を

発することができませんでしたから、極度のストレスに見舞われていたのだと思います。

明仁天皇への批判もありました。雲仙普賢岳の被災者を見舞った際、床に膝をついて会話したことは「天皇ともあろうお方が膝を屈して民に語りかけるとは！」と問題視する人たちがいて、宮内庁や被災自治体に抗議電話が殺到しました。

しかしこうした批判やバッシングがあっても国民と共にあり、困っている人に寄り添う姿勢は現在に至るまで変わっていません。いまでは当たり前に感じるかもしれませんが、当時としてはとても勇気のいる行動でした。

新しい皇室像を国民はどう見ているか？

明仁上皇・美智子上皇后はどんなお人柄か。

私は一度、まだ天皇と皇后に在位されていた時代にお二人に招かれてお話をしたことがあります。

両陛下は夕食後、吹上御所《ふきあげごしょ》に各界の人を招いて世の中のさまざまなことについて話を聴く夜のお茶会を開いていました。そこに私も呼んでいただいたのです。

ある日、NHK時代の先輩から連絡がきました。

「両陛下がお前に会いたいと言っているぞ。この日か、この日の都合はどうか」

候補日を2日提案されましたが、残念ながら両方とも予定が入っていたのでそう伝えたところ、向こうの態度が変わりました。

「池上、この話は断れないんだぞ」

そこで某テレビ局の仕事を「すみません、都合が悪くなりました」と断り、吹上御所に向かいました。

話の内容はオフレコですが、これくらいはいいでしょう。

この日、招かれたのは私とNHKの先輩と、もう一人の3名で、私以外の2名は以前にもお茶会に参加したことがあります。

応接室に呼ばれて入ると、部屋の外側がガラス張りで庭が見えるようになっていました。ちょうど庭の水飲み場にハクビシンがいて、美智子皇后が「見て見て、ハクビシンよ！」とはしゃいでおられました。

皇后陛下からは、いつもわかりやすいニュースを伝えて下さってありがとうございますとお礼をいわれ、「あ、見ていただいているんだ」と思いました。いろいろな話をしているなかで、明仁天皇と私以外の2人が以前お会いした際の話題になったとき、美智子皇后は明仁天皇に、そのときのことを知らない私のために説明してあげて下さいと促されました。

この気配りは素晴らしいですね。私はすぐファンになりました。

60年代、70年代は左翼勢力を中心にまだ強い反天皇意識、反皇室意識がありました。「天皇制は廃止すべきだ」と主張する人も少なくはなかった。

ところが平成の天皇は「憲法を守る」としきりに発言されました。すると左翼の護憲派は「憲法が大事だと天皇もおっしゃっている」と急に天皇ファンになる一方、安倍元首相をはじめとする改憲派は天皇を快く思わないという逆転現象が生じました。本来、天皇を大切に思っている保守と天皇制に反対の革新が、憲法を尊重する天皇が気に入らない改憲派と天皇を支えようとする護憲派に分かれるという不思議な構図です。

いずれにせよ、全体として見れば明仁上皇・美智子上皇后ご夫妻がつくってきた、国民と共にあり、困っている国民に寄り添うという新しい天皇像は、国民に受け入れられたと思います。

NHK放送文化研究所では日本人の意識の変化を長期的にとらえる目的で、73年から

５年ごとに「日本人の意識」調査を行っています。この調査のなかに天皇にどんな感情を持っているか、４つの選択肢から選ぶ設問があります。

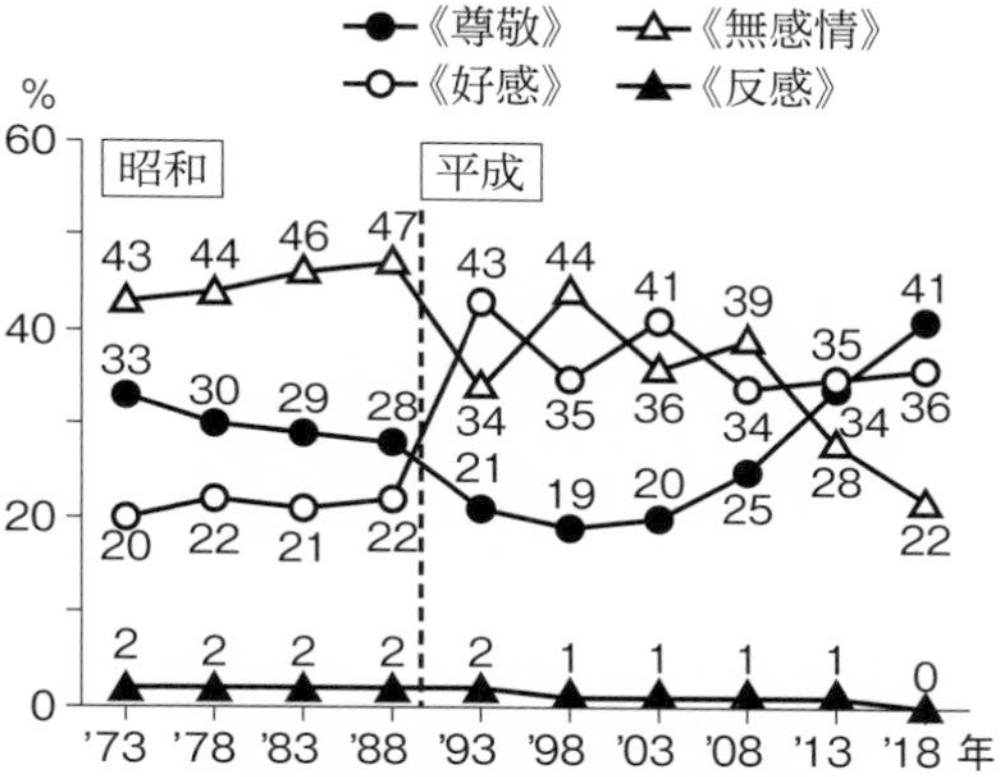

天皇に対する感情〈全体〉
資料提供／NHK放送文化研究所

選択肢は「尊敬の念をもっている」、「好感をもっている」、「特に何とも感じていない」、「反感をもっている」。

最新の２０１８年調査では「尊敬の念をもっている」が最も多く41%、次いで「好感をもっている」36%、「特に何とも感じていない」22%という結果でした。

この調査では１９８８年まで、つまり昭和の時代は「特に何とも感じていない」人が一貫してトップでした。ところが平成に入った93年調査以降、明仁上皇が天皇に即位してからは「好感をもっている」「尊敬の念をもっている」人が増加し、「特に何とも感じていない」が減少していきます。
平成の天皇にこのような感情を抱いているからこそ、２０１６年に「生前退位をしたい」とのご意向を表明した際、多くの国民は「本当にお疲れさまでした」とねぎらい、退位を認めようとの空気になったのだと思います。

【参考文献・資料】

電気事業連合会「電源三法交付金制度」
https://www.fepc.or.jp/nuclear/chiiki/nuclear/seido/index.html
ＢＢＣ ＮＥＷＳ ＪＡＰＡＮ「加害が明るみに……それでも崇拝され　日本ポップス界の『捕食者』」
https://www.bbc.com/japanese/features-and-analysis-64832492
CNN.CO.JP「元ジャニーズJr.、故ジャニー喜多川氏による性的被害を告発」
https://www.cnn.co.jp/showbiz/35202639.html
週刊エコノミスト Online「特別連載・サンデー毎日が見た１００年のスキャンダル／４　平成初の本誌『特大スクープ』！『宰相の器』を問うた〝三本指〟〈サンデー毎日〉」
https://weekly-economist.mainichi.jp/articles/20220117/se1/00m/020/001000d
首相官邸「第75代宇野宗佑内閣総理大臣」
https://www.kantei.go.jp/jp/rekidainaikaku/075.html
ダイエー「ダイエーの歩み　創業～１９６０年代」

https://www.daiei.co.jp/corporate/company/step/1960.html
パナソニックホールディングス「2. パナソニックグループの使命と今なすべきこと」
https://holdings.panasonic/jp/corporate/about/philosophy/2.html
ＮＨＫ「ＷＥＢ特集『本土復帰50年』沖縄と歩んだ戦後の皇室」
https://www3.nhk.or.jp/news/html/20220428/k10013599461000.html
ＮＨＫ放送文化研究所編『現代日本人の意識構造［第九版］』ＮＨＫ出版

第5章　高度経済成長と繁栄の「陰」

日本の人々が謳歌した１９６０年代の飛躍的な経済成長と生活の豊かさの実現は、必ずしもよいことずくめではありませんでした。長期的に経済的な発展が続いたがために生まれる諸問題が、だんだん目立つようになってきます。山高ければ谷深しで、高度経済成長の終焉に伴いさまざまな問題が発生し、人々の生活を苦しめました。本章では昭和の「陰」の側面についてみていきます。

工場から立ち上る煙は豊かさの象徴

終戦後、大学生に人気の就職先と言えば石炭産業や製糖産業でした。エネルギーと言えば石炭であり、みんな甘いものに飢えていたから砂糖が人気で、石炭の「黒」と砂糖の「白」が花形産業でした。

他に人気だったのは繊維産業です。日本はアメリカの下請けとして、アメリカ製のブランド製品をつくっていました。現在のミャンマーやバングラデシュのような位置づけですね。企業で言えば後にカネボウとなる鐘淵紡績や、現在の東レの前身である東洋レーヨンといった会社です。

しかし高度経済成長が始まると、このような状況は大きく変化していきます。

この時期、日本ではエネルギー革命が起きて、石炭から石油へ移行が進みました。中東からタンカーで日本まで運ばれた大量の原油は港湾で陸揚げされ、それを精製することによってガソリンや灯油、ナフサなどに分けられていきます。そうした精製工場が次々につくられた石油コンビナートの一つが三重県の四日市です。

四日市では57年から石油の製油所が次々に完成し、さまざまな工場をパイプラインで結び石油化学製品を生産する石油コンビナートを形成しました。まさに日本の経済成長を引っ張る地域だった四日市は、立ち並んだ石油の精製工場が煙をもうもうと吐き出しながら操業した結果、煙に含まれる汚染物質で大気汚染が発生し、ぜんそく患者が激増する事態を招きました。

個々の会社は法律の排出基準を守っていたのですが、何十もの会社が排出したため会社ごとの規制では追いつきませんでした。この頃は、地域全体で規制する排出物の総量を決め、それから各企業に割り振る総量規制の概念がなかったのです。

地域の子供たちの間にぜんそくが急速に広がり、学校に行くときはみんなマスクを着ける必要がありました。まだ学校にエアコンなどない時代ですから、夏は暑いので窓を開けたくても、窓を開けると大気汚染物質が入ってくるので閉めたまま、というひどい状態が続きました。

実はその頃まで、工場の煙突からもくもくと吐き出される煙は、経済的に豊かになっていくことの象徴でした。現在のようにそれが公害であるとの発想はなかったのです。以前、九州北部の中学校や高校の校歌を調べたところ、自分たちの故郷がいかに素晴らしいかを歌詞にするのは当然として、「もくもくと上がる煙がわが町の誇り」という趣旨の歌詞がよく使われていました。

要するに煙突から煙が出ていることは経済発展のシンボル。これが大気汚染をもたらしているという認識はなかったのです。その後、大気汚染と健康被害の問題が広く知られるようになった後は、歌詞の「もくもくと上がる煙」のくだりは変えられていきます。

廃水を河川に流し川が汚れることも、経済が発展する上では仕方のないことに思われていました。下水道や下水処理施設が不十分なまま生活用水や工場の廃水を川に垂れ流していましたが、「どうせ広い海に流れ出すからいいだろう」と考えられていたのです。

そのため、東京都内を流れる神田川や隅田川、多摩川は「死の川」と呼ばれ、悪臭がぷんぷんと漂っていました。音楽グループかぐや姫の「神田川」が大ヒットしたとき、地方に住むファンが「神田川ってどんなところだろう」とわざわざ上京して見に行ったらひどい悪臭のドブ川で、「なんだ、これは」と驚いた、という話があるくらいです。

企業が原因を認めず被害が拡大した水俣病

四日市で大気汚染が広がっても、煙を排出している企業や行政はなかなか解決に動こうとはしませんでした。

まず、石油を精製している工場は地域の人々を雇用し働く場所を提供しています。そして会社が利益を出すと国に法人税、三重県に法人事業税、四日市市には法人住民税として多額の税金が納められます。さらに、工場で働いている人からは住民税が支払われます。

つまり三重県も四日市市も工場あってこその発展のため、企業を規制しようとの動きはなかなか起こりません。

被害を受けている住民たちがいくら訴えても十分な対策が取られなかったため、被害者たちは67年にコンビナートの6社を相手取って損害賠償を求める訴訟を起こし、72年

1960年以降、ぜんそく症状を訴える人が多くなり、公害反対運動が立ち上がります。1972年、四日市公害訴訟で、裁判所の前で“勝訴”の知らせに沸く原告たち。

に原告が勝訴したことでようやく対策が講じられるようになりました。

企業が責任を認めず、行政は見て見ぬふりをして十分な対策を取らず、患者側が裁判に訴えて勝訴してはじめて対策が立てられる経緯は、四大公害病と呼ばれる他の主要な公害でもだいたい同じ流れをたどっています。

四大公害病とは四日市ぜんそく、水俣病、新潟水俣病、イタイイタイ病のことを指します。工場から出る煙や廃水が豊かになることの象徴であった時代に公害を認定して加害企業や行政に責任を認めさせ、被害者の救済と十分な対策を講じさせることは大変なことでした。

熊本県の水俣市で発生した水俣病も、発見から対策を講じるまで長い時間がかかって被害が拡大した上に、風評被害まで起きて悲惨な事態が生じました。

水俣病は化学工業の会社である新日本窒素肥料（65年にチッソに改称、以下チッソと表記）の水俣工場が出す廃水に含まれていたメチル水銀（有機水銀）が食物連鎖で魚介類の体内に蓄積、濃縮され、魚を日常的に食べている住民の間で発生した病気です。

水俣病患者が公式に確認されたとされるのは56年5月。チッソの附属病院に手足がしびれ、意識がもうろうとした状態の女の子が運び込まれたのがきっかけです。しかも近所には同じ症状の子供がいる。大人もいる。ネコもいる。そう話を聞いた医師が水俣保健所に報告し、それを『西日本新聞』が「死者や発狂者出る　水俣に伝染性の奇病」、『熊本日日新聞』が「水俣に子どもの奇病　同じ病原か　ネコにも発生」と報じました。

新聞が「奇病」と書き立てたため、患者に対する差別が始まりました。水俣病は有機水銀に汚染された魚を食べて発症するので、病気になるのは海が有機水銀で汚染された水俣湾周辺地域の住人です。

まず「伝染病ではないか？」と疑われ、一定地域の人たちが買い物に出かけると「感染するから来ないでくれ」と言われたり、お金を直接受け取ろうとしなかったりと、患者や発生地域の住人に対する差別が起こりました。

また、家族で同じ魚を食べていれば、一家で水俣病を発症することもあります。そのため「遺伝病ではないか」といううわさが流れ、水俣病の患者が親族にいると結婚できない、婚約が解消されるといった結婚差別が生じました。被害者は病気と同時に風評被害にも苦しめられたのです。

自治体から依頼された熊本大学医学部が調査を始めると、「どう見てもチッソからの廃水が問題ではないか」となりましたが、チッソは立ち入り調査を拒否します。薄々わかっていたわけですね、自社が出している廃水が問題であると。チッソは下水処理など何もしないまま、廃水を直接水俣湾に流していました。

実際、どす黒い水が水俣湾に流れ込んでいましたから、それを見た人は「廃水が原因だろう」とわかります。そこでチッソは慌てて証拠隠しに走りました。廃水を水俣湾に直接流すのをやめ、いったん工場の中に貯水して有機物を沈殿させ、上澄みだけ水俣湾ではなく水俣川に流すようにしました。

しかし廃水の見た目は一見、きれいになっても有機水銀の除去はできていません。しかも水俣川に流したことで汚染が水俣湾の外の八代海にまで広がり、水俣病の発生が地理的に拡散する結果を招きました。

元社長と工場長が業務上過失致死傷で有罪に

水俣病の患者たちは被害者団体をつくりチッソと交渉を始めますが、チッソは責任を一切認めようとせず、行政も有効な対策を打ちませんでした。その背景には四日市ぜんそくと同様、地域の経済的発展や雇用、税収をチッソがもたらしていたことがあります。チッソの企業城下町である水俣で、チッソと争うのは難しかったのです。

化学工業の業界団体である日本化学工業協会もチッソを全面支援しました。チッソが生産していたのはプラスチックの可塑剤の原料であるアセトアルデヒドです。可塑剤とはプラスチックをいろいろな形にするために必要なもので、チッソがつくる可塑剤の原料によって日本のプラスチック製造が成り立っていました。

化学工業界をあげてチッソを守る動きが始まり、真相究明の足を引っ張ったり政治に圧力をかけたりする動きが始まりました。

日本化学工業協会は第二次世界大戦後、旧日本軍が爆薬類を水俣湾に捨てた、それらに含まれる物質が長年の間に溶け出して海を汚染したと主張しました。チッソに責任はないというわけです。そう言われれば調べなければいけませんが、旧日本軍が爆薬を捨てたという事実はありませんでした。

しかし、爆薬の投棄がなかったことを確かめるには時間がかかります。その分だけ、対策を取るのが遅れてしまいました。

結局、チッソの廃水が原因との政府見解が確定したのは68年になってからでした。患者が公式確認されてから12年もかかったのです。

被害者たちは69年にチッソに損害賠償を求めて裁判を起こし、その過程で新たな事実が判明します。チッソ附属病院の医師は「奇病」が問題になってから早い時期に「廃水が原因ではないか」と疑い、秘かにネコを使った実験を行っていました。チッソの廃水を含んだエサを食べさせたところ、ネコが狂ったようにくるくると回り続け、水俣病のネコと同じ症状が出たのです。

この実験の様子はフィルムにも収められ、医師は発表しようとしましたが、会社から止められてしまいました。我々はどこから給料をもらっているんだ、というわけです。

1971年、東京・千代田区のチッソ株式会社の４階に「死民」のゼッケンをつけ座り込みを続ける水俣病患者や支援団体の人々。73年、熊本地裁がチッソの加害責任を断罪。

チッソは水俣病の原因がわかっていながら、廃水の排出を止めようとしなかったのです。

73年に出された裁判の判決は患者側の全面勝訴。さらに76年、チッソの元社長と工場長が業務上過失致死傷で起訴され、有罪になりました。

現在、チッソは事業を子会社（ＪＮＣ）に移し、その利益から配当金を受け取り、水俣病関連の補償金を支払うためだけに存続しています。

また、水俣病の患者救済のため、水俣病を認定する基準を国は定めましたが、この基準には満たないものの症状を訴える患者がいました。そこで２０

09年、こうした被害者に一時金などを支給する水俣病被害者救済特措法が制定されました。その申請は2012年7月31日に締め切られ、申請者は6万4836人にのぼり、一時金等対象該当者は3万2249人、療養費対象該当者は6071人となりました。

損害賠償額が倍増されたイタイイタイ病裁判

熊本で水俣病が公式確認された9年後の1965年、新潟大学医学部の講義で、ある先生が水俣病の説明をしたところ、聞いていた学生の一人が「うちの附属病院でも同じ症状の患者がいます」と言い始めました。そこで診察したところ、有機水銀中毒の疑いがもたれます。

さらに水俣病の典型的な症状が現れた患者が発見されていき、患者が住んでいるのはいずれも阿賀野川下流沿岸という共通点がありました。そこで調査が進められたところ、阿賀野川上流にある化学工業会社、昭和電工（現レゾナック）の工場廃水が原因ではないかと推定されます。

これに対し昭和電工は「新潟地震によって流出した農薬が原因」と主張しました。調べてみるとそんな事実はなく、原因の確定を遅らせただけでした。そして患者たちが損害賠償を求めた裁判で昭和電工は敗訴します。水俣と同じようなことが新潟でも繰り返されたのです。

もう一つの四大公害病、イタイイタイ病は富山県の神通川流域で発生しました。この不思議な病名は患者が全身に痛みを訴え、「痛い、痛い」と言うことから付けられました。

46年に地元の医師、萩野昇氏は全身の骨がボロボロになり、身体中いたるところが骨折する患者が多数発生していることに気付きます。咳をした

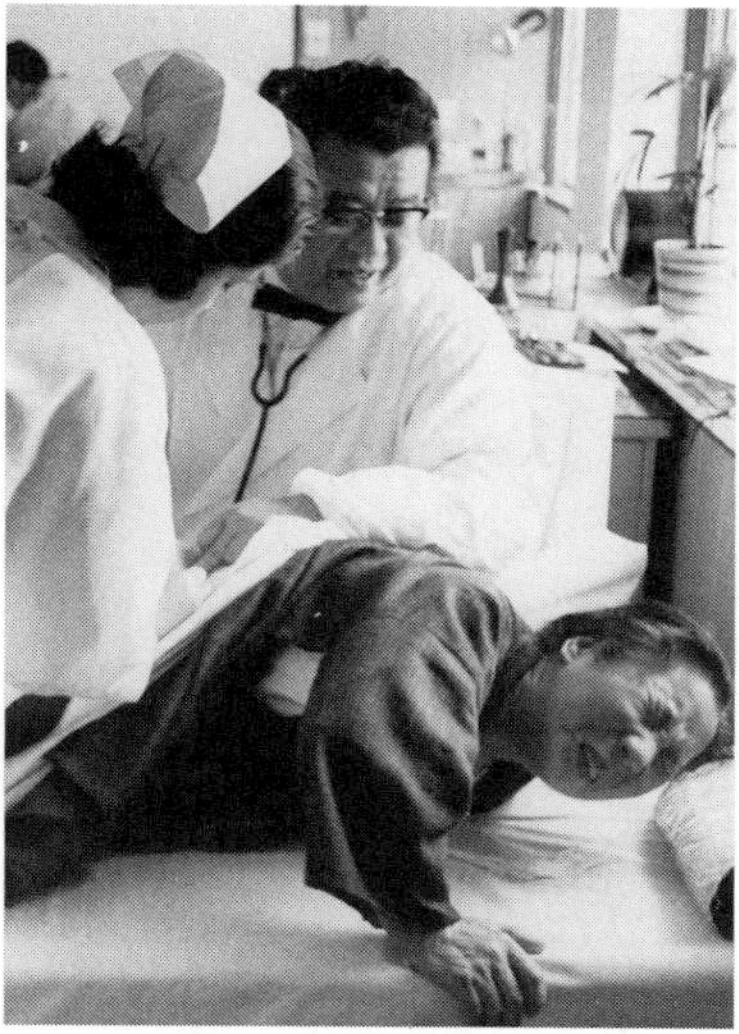

イタイイタイ病発見者の萩野昇医師（中央）の病院には多くの患者が詰めかけた。医師がちょっと患部を押さえただけでも激しく痛み苦しんだ。

だけで肋骨が折れてしまう人もいたほどです。

最初は骨粗鬆症やビタミンD欠乏症などが疑われましたが、萩野医師が調べてみると、患者はみんな神通川の水を飲んでいたり、流域でとれたお米を食べていたりしました。

ということは神通川の水に問題があるだろうということになります。その上流では三井金属鉱業の神岡鉱業所が廃水を流していました。専門家が調査したところ、廃水に含まれていたカドミウムが原因でした。

しかし神岡鉱業所は「カドミウム無害説」を唱え、原因はビタミンD欠乏症であるなどと反論します。

住民は被害者組織をつくり三井金属と交渉をしますが、三井金属は責任を認めず、こう言いました。「現在、国の機関が調査をしている最中であり、その結論のなかに多少なりとも三井に責任があるとおっしゃいますれば、こんな遠いところ、暑いなかをお出でにならなくても、わが社の方から出向いて補償に応じます。逃げも隠れもしない、天下の三井でございます」(政野淳子『四大公害病』中公新書)。しかし実際には裁判で争うことになります。

イタイイタイ病は68年に公害病認定されました。その直前に住民は三井金属を相手取って裁判を起こし、71年に富山地裁は原告勝訴の判決を言い渡しました。判決を不服として三井金属は控訴しましたが、原告の住民は損害賠償請求額を倍にして対抗。翌72年に名古屋高裁金沢支部は住民の訴えを認め原告勝訴を言い渡します。企業責任は明らかなのにそれを認めようとしない三井金属に対し、裁判官が怒ったのです。

その後、損害賠償や農業被害への補償、公害防止対策などが進められ、２０１３年に被害者団体と三井金属は全面解決を確認する合意書に調印しました。公害病認定されてから、実に45年もの時間がかかりました。

ゴミ処理が追い付かず「東京ゴミ戦争」勃発

四大公害病は地方に立地する工場から出される煙や廃水が原因でしたが、東京も公害問題と無縁ではありませんでした。

１９７０年７月、東京・杉並区の東京立正高校で突然、放課後のグラウンドで練習していた運動部の生徒が目や喉の痛みを訴えたり、呼吸が苦しくなりバタバタ倒れたりし

1970年、光化学スモッグに初注意報が出された。街頭に張り出された注意報を通行人も不安そうに見つめる。有楽町にあった東京都公害研究所前の風景。

て計43人が救急車で運ばれました。

原因は光化学スモッグです。自動車の排気ガスなどに含まれる窒素酸化物や炭化水素類に紫外線が当たるとオキシダントという別の物質に変化し、それが目をチカチカさせたり喉を痛めたりする原因になったのです。

光化学スモッグが起きやすいのは自動車がたくさん走っている場所、つまり都会です。田舎ではあまり起きません。

都会特有の環境問題といえば、「東京ゴミ戦争」も発生しました。

大量生産・大量消費の時代に入り、人口も増加すれば当然、ゴミの量も増加します。当時、都内のゴミの大半は江東区の夢の島に運び込まれました。都内に清掃工場も十分にはなく、江東区では増える一方のさまざまなゴミがそのまま積みあがった結果、あたりに悪臭が広がったのです。さらにハエが大量発生し、小学校の給食の時間はたかってくるハエを追い払いながら食事をするような状態になっていました。大量にやってくるゴミ運搬車による渋滞や、交通事故の多発も問題でした。

この状況に江東区が怒りました。なぜ東京中のゴミが江東区に集中するんだ。ゴミを全部埋め立てるのではなく、それぞれの区がゴミ焼却場をつくって自区内で処理せよと。当時の美濃部亮吉東京都知事はこれを受け、各区でゴミの焼却処分を行う清掃工場をつくることを約束しました。

しかし、清掃工場をつくれば家の近くで煙は出るしゴミ収集車が集まり渋滞も起きる。清掃工場の予定地となった場所では反対運動が起こります。なかでも反対運動が強かったのが杉並区です。そのため杉並区では清掃工場の建設計画がストップし、引き続き杉並区のゴミは江東区に運び込まれました。

美濃部亮吉（1904-1984年）。マルクス経済学者、政治家、教育者。革新知事として東京都知事（第6・7・8代）時代に「東京ゴミ戦争」の宣言をしたことでも有名。

これに対し江東区の住民は実力行使に出ます。杉並区から運ばれたゴミ運搬車がゴミ処理場に入れないように阻止したのです。

このような混乱の末、杉並区でも周囲の住民に影響が出ないように配慮が行われた上で清掃工場が建設され、東京ゴミ戦争は収束しました。

日本に衝撃を与えた2つのニクソン・ショック

景気は好景気と不景気の循環の波を繰り返します。高度経済成長期は大型の景気拡大期が何度も到来し、好景気に神話名が付けられるほどでした。

まず54年から57年にかけての好景気は「神武《じんむ》天皇以来の好景気」ということで「神武景気」、58年から61年にかけての好景気は「天岩戸」の神話から「岩戸景気」という具合です。

その後、62年から64年に「オリンピック景気」が訪れ、さらに次の好景気は65年から70年という長期にわたり「いざなぎ景気」と呼ばれました。

このように日本が経済発展する一方で、1ドル＝３６０円という超円安の固定相場で日本の輸出品が大量に流れ込んでいたアメリカでは国内の産業がダメージを受けていました。

アメリカのニクソン大統領は71年8月15日、金とドルの交換の一時停止と10%の輸入課徴金の実施を表明しました。いわゆるニクソン・ショックです。

これを受けて日本では「輸出品に高い課徴金が課せられる。これではアメリカで輸出品が高くなって売れなくなってしまう。さあ大変だ」と大騒ぎになりました。しかも発表日が8月15日だったので、「終戦の日を選んで発表するとは旧敵国への報復だ」、「二度目の敗戦」と受け止める向きもありました。

ただし、ニクソン大統領に「報復」という考えはありませんでした。課徴金は確かに大変ですが、より重要で歴史的なのは金とドルの交換停止です。これにより後述するブレトン・ウッズ体制が崩壊するのですが、当時は金とドルの交換停止が意味するところがあまり理解されていませんでした。

第二次世界大戦の趨勢《すうせい》が見えてきた44年、アメリカの呼びかけで連合国の各国代表が米ニューハンプシャー州のブレトン・ウッズに集まり、戦後の通貨体制について話し合いが行われました。ここで決められた協定に基づく国際通貨体制がブレトン・ウッズ体制です。

戦争のせいで止まっていた貿易を戦後、復活させるとき、決済に使うお金をどうするかという問題があります。以前はイギリスの経済力が圧倒的に強く、外貨の支払いには英ポンドが使われていましたが、イギリスの経済力は弱体化していました。

そこで国際通貨になったのが、圧倒的な経済力を持ったアメリカの米ドルです。米ドルを世界のお金とするために、アメリカは海外の政府が望めばいつでも金1オンスを35ドルで交換することを保証しました。

つまり、どこかの政府がアメリカにドルを持ってきて「金と交換してくれ」といえば1オンス＝35ドルのレートでいつでも交換ができる。このような形でドルの信用を担保したわけです。その背景にはアメリカの巨額の金保有高がありました。

一方、それぞれの国は1ドルあたりいくらという形で自国通貨の交換レートを固定しました。このブレトン・ウッズ体制の構築により、国際貿易は活発になっていきます。

しかし第二次世界大戦後、アメリカはヨーロッパ復興のために莫大なお金を使いました。さらに朝鮮戦争やベトナム戦争で出費はかさみ、決済に使われるドルは世界中にどんどん出ていきました。一方、日本やヨーロッパの復興が進むとアメリカへの輸出が増え、こちらからもドルが米国外へ出ていくことになります。

その様子を見ていたイギリスとフランスは、ふと気づきます。いま、アメリカはドルを世界中にばらまいているが、いつでもドルと交換すると言っている金の在庫がアメリカにはあまり残っていないはずだ、と。

いずれアメリカはドルと金を交換できなくなる。だったらその前に交換してしまおうとイギリス、フランスはアメリカに「ドルと金を交換しろ」と要求したのです。ここに至ってアメリカは、金とドルの交換の一時停止に踏み切り、ブレトン・ウッズ体制は崩壊しました。

金との交換停止でドル暴落、為替は変動相場制へ

アメリカが金とドルを交換しないといった瞬間、信用を担保していたものがなくなったので、ドルの価値は暴落しました。ただ、ドルに代わる世界的な通貨は他になかったので、引き続きドルが国際通貨の地位を維持します。

ニクソン・ショックによる混乱を受けて71年12月、アメリカのスミソニアン博物館の会議室で開催された先進10ヵ国の蔵相会議では、金1オンス＝38ドルとされたほか、日

本円は1ドル＝３０８円など、ドルと各国通貨の新しい交換レートが取り決められ、固定相場の維持が図られました。これをスミソニアン協定といいます。

令和に生きる私たちは毎日レートが変わる為替の変動相場に慣れていますが、ずっと1ドル＝３６０円で固定されていた為替が1ドル＝３０８円となって、当時は文字面だけを見て「円安になった」と勘違いする人も少なくありませんでした。しかし、もちろんこれは大幅に円高ドル安になったことを意味します。

固定相場の維持を狙ったスミソニアン協定ですが、世界中の投機筋はドル安になることを見込んでドルを売り続け、金や他国の通貨を買っていきました。結果的に為替の固定相場は維持できなくなり、各国は変動相場制へ移行することになります。

日本が73年に変動相場制に移行した直後には、1ドル＝２６５円前後まで円高ドル安が進みました。ニクソン・ショック前は1ドル＝３６０円でしたから大幅な円高で、日本の輸出産業は打撃を受けました。そこで日本企業は生産性を高め、コストを下げようと一生懸命頑張ります。

一方で円高ドル安により、海外では３６０円で1ドルの買い物しかできなかったのが２６５円でできるようになったわけで、ずいぶんお得になりました。この頃から海外旅行をする日本人が増加していきます。

もう一つのニクソン・ショック「頭越し外交」

ニクソン・ショックといったとき、実は金とドルの交換停止とは別の、外交面でのショックもあります。

72年2月、ニクソン大統領はそれまで朝鮮戦争やベトナム戦争をめぐって対立していた中国を訪問したのです。これは日本にとって衝撃的な出来事でした。それまで日本はアメリカに協力して中国の国連加盟に反対していたのに、事前の連絡もなく中国との関係改

1972年、ハワイでの日米首脳会談で、田中角栄首相（中央）、大平正芳外相（右）と挨拶を交わすニクソン大統領。

善に動いたからです。

その頃、国連では台湾が中華民国として中国の代表になっていましたが、大陸の中国本土を統治している中華人民共和国を中国の代表として認めるべきだとの意見が強まっていました。しかしアメリカはこれに抵抗し、台湾を支持し、共産主義の中華人民共和国を国連に入れるのは阻止しようといって日本に協力を求めました。

国土の大半を支配する中華人民共和国を中国の代表として認めてよいと考える国がだんだん増えていき、このままでは台湾を守るのが難しくなると考えたアメリカは日本とも協力して、中国代表権の問題を総会で3分の2の賛成がなければ決められない重要事項に指定します。中国の国連加盟を阻止しようとしたのです。このようなアメリカ主導の動きに日本の佐藤内閣は協力していました。

ところが71年、ついに中華人民共和国の加盟を認める国が3分の2を超え、中国の代表とすることが国連総会で決まると台湾は怒って国連を脱退します。これを受けて米大統領が中国を訪問したのがもう一つのニクソン・ショックです。日本はアメリカの外交に置いてけぼりにされたのです。

以上のような経緯があったので、ニクソン大統領の中国訪問と米中関係の改善は「頭越し外交」と言われました。

米中関係改善の裏で悪化する中ソ関係

なぜアメリカは台湾との友好関係があったのに、共産主義の中華人民共和国との関係改善に動いたのか。

理由の一つは東西冷戦です。ソ連との対立が続く中、中国を認めることによりソ連に圧力をかけ、ソ連と中国の仲を裂く狙いがありました。

中国もこの時期、ソ連を「社会帝国主義」と批判して対立していました。両国は69年、国境にあるウスリー川の珍宝島（ダマンスキー島）の帰属をめぐって武力衝突を起こし、双方に死者が出る状態だったのです。

中国の毛沢東はソ連との核戦争を覚悟して、北京に巨大な核シェルターをつくりました。人民解放軍100万人を収容する巨大なもので、天安門広場の下にいまもあります。ただし現在は閉鎖されています。

アメリカにしてみれば中国との関係改善を進めればソ連包囲網をつくれる絶好のチャ

ンスです。中国は中国でアメリカとの関係を改善すればソ連を包囲することができる。こうして両者の思惑は一致しました。当然、ソ連は激怒します。

もう一つ、猛烈に反発した国がありました。アメリカと戦争中の北ベトナムです。我々を支援してきた中国が、いままさに戦っている最中のアメリカと手を結ぶとはどういうことだというわけです。アメリカの狙いには、中国にベトナム和平へ協力させることもあったのです。

保守派の首相だから締結できた日中平和友好条約

さて、日本はどうだったかといえば、アメリカの台湾支持に協力していた当時の佐藤栄作内閣には大ダメージでした。

72年に沖縄返還を花道に佐藤内閣が総辞職すると、次の総理大臣の座をめぐって三木武夫、田中角栄、大平正芳、福田赳夫、中曽根康弘が争いました。5人の名前の一部を並べて「三角大福中」と呼ばれました。結局、自民党の総裁選は田中と福田の決選投票となり、田中が勝利して7月、総理大臣に就任します。2人の確執はその後も続き、「角福戦争」と呼ばれました。

田中は就任するとすぐ日中国交正常化に向けて動き、9月には北京を訪れます。中国との国交正常化について、日本の経済界は賛成し、世論も「国連に加盟しているのは中国だから国交を結ぶのは当然」と考えていました。一方、反対していたのは自民党保守派の福田派です。福田派は「台湾を大切にすべきだ」といって猛烈に抵抗しました。

田中はこうした強い反発を押し切り、中国と交渉を進め国交正常化に合意し、日中共同声明を発表しました。ただし、平和条約の締結には至らず、さらに交渉は続きます。

福田赳夫(1905-1995年)。自民党内の保守派閥の領袖であったが、1978年、日中平和友好条約を締結する。

日中平和条約の交渉は難航しました。中国側がソ連を非難する文言を入れるべきだと主張したからです。社会帝国主義のソ連を日中共同の敵であるとの一文を入れようとしたためです。確かに日本もソ連と対立していましたが、北方領土問題を抱え、そこまで敵視はできません。最終的には「あらゆる国の覇権に反対する」という趣旨の文言を盛り込むことで合意し、78年に日中平和友好条約が締結されました。

皮肉なことに平和友好条約を結んだのは、日中国交正常化に激しく反対していたはずの福田総理です。田中が中国政府と合意し路線を引いた以上、後任の首相は平和条約の締結に向けて動かざるを得ません。

相変わらず保守派からの反発はありましたが、保守派閥の領袖である福田が総理大臣としてやらざるを得ないといって交渉を進めたことで、それまで「日中平和条約はけしからん」といっていた勢力は沈黙しました。つまり、福田という自民党内の右派リーダーが当事者になることで、日中平和友好条約は締結できたのです。

アメリカでも似た構図がありました。ニクソン大統領はバリバリの保守派でした。もし、民主党の大統領が中国と国交を正常化すると言い出したら共和党が猛烈に反発したでしょう。しかし、共和党のニクソン大統領が国交正常化するといえば、右派は黙るのです。

第四次中東戦争とオイルショック

『日本列島改造論』を引っ提げて総理大臣に就任した田中角栄は公共事業を推進し、新幹線や高速道路の整備、河川改修などを推し進め、あたかも日本列島をコンクリートで埋め尽くすような勢いでした。

しかし田中の政策は経済の過熱を招き、地価の高騰や物価上昇を引き起こします。そこに追い打ちをかけたのが73年のオイルショックでした。

73年10月6日、エジプト軍がシナイ半島で、シリア軍がゴラン高原でイスラエル軍に攻撃を開始し、第四次中東戦争が勃発しました。このとき、イスラエルは存亡の危機に立たされます。

アラブ諸国が攻撃を仕掛けた日はユダヤ教の祭日である「ヨム・キプル」。この日は贖罪の日といわれ、一日中断食を行い、働いてはいけません。だからイスラエル軍は一切行動できないだろうと考え、ヨム・キプルを狙って奇襲攻撃が行われました。

これにより、イスラエル軍は大打撃を受けます。そこでイスラエルの首相は「イスラエル存亡の危機だから、ヨム・キプルではあるが自分たちを守るために立ち上がれ」と指示し、ようやくイスラエル軍は動き始めました。

２０２３年10月にパレスチナの武装勢力ハマスがイスラエルに対する奇襲攻撃を仕掛けたのもユダヤ教の安息日でした。50年前にも同様の事態が起きたのです。

緒戦で劣勢になったイスラエルは、核兵器の使用を考えます。実際、秘かにつくっていた核兵器を爆撃機に積み、いつでもエジプトやシリアに投下する準備までしていました。しかし、イスラエルの反撃が功を奏して結局、核兵器の使用は見送られました。

45年に広島、長崎へ原爆が落とされた後、核兵器の使用で最も危険だった瞬間はこのときでした。ただし、これは後に明らかになった話です。

「イスラエルに味方する国には石油を売らない」

第四次中東戦争が勃発した後、アラブ諸国の産油国で構成されるアラブ石油輸出国機構（ＯＡＰＥＣ）はイスラエルの友好国に対し「イスラエルに味方する国には石油を売らないようにする」と警告するとともに、石油価格の大幅な引き上げを発表しました。

もともと石油産業ではアメリカ、イギリス、オランダの「セブン・シスターズ」といわれる7つの石油会社が絶対的な価格決定権を持っていました。いくらで石油を買うのかは、買う側であるセブン・シスターズが決めていたのです。

この状態をなんとかしようとベネズエラが提唱して設立されたのが石油輸出国機構（OPEC）ですが、セブン・シスターズの力に押されて思い通りにはいきませんでした。

しかし第四次中東戦争を石油価格引き上げの絶好のチャンスとして、イスラエルに味方する国には石油を売らない、あるいはアラブ寄りの立場にならないと石油の値段を引き上げるといって、アラブ諸国ははじめて石油を武器として使いました。

これをきっかけにセブン・シスターズをはじめとする石油を買う側の力は衰え、売る側が価格決定の主導権を握ります。もちろんアラブ諸国には石油価格の引き上げだけではなく、外交面で有利な状況をつくり出す狙いもありました。

中東の安価な石油に依存していた先進工業国はアラブ産油国の石油戦略によって大きな打撃を受けました。これをオイルショックといいます。

それまで、日本政府はあまり中東に関心がありませんでした。しかし突然、石油が輸入できなくなるかもしれないとなってパニックに陥り、官房長官の談話が次々に変わります。

まずアラブ諸国から日本に対し、イスラエル寄りになったら石油を売らないといわれたとき、官房長官は「武力による領土の獲得には絶対反対であり、パレスチナ人の平等と自決を認める国連決議を支持している」との談話を出しました。これは第四次中東戦争に際し、国連総会で決議された内容を繰り返しただけに過ぎません。ごく当たり前の話で、何も言っていないも同然です。アラブ諸国の要求に困ってしまい、当初はこのような対応しか取れなかったのです。

しかし、次第に日本政府の態度は変わっていき、「イスラエルの対応如何によっては、日本はイスラエルとの外交関係を見直さざるを得ない」という言い方に変化しました。つまり、日本はアラブ寄りの立場に修正しようとしたのですが、マスコミから「日本政府はアラブ寄りというよりアブラ寄りだ」と皮肉られます。

日本は石油が欲しいだけで、中東の外交やエネルギー確保で何の戦略も方針もなかったのです。当時、堺屋太一さんが出版した書名の通り、まさに『油断!』です。これをきっかけに、中東が平和でなければ日本に石油が入ってこなくなるかもしれないとの認識が広がり、中東のニュースが日本でも報じられるようになりました。

10年で倍増する石油依存、半減する石炭

第二次世界大戦が終わった後、戦後復興の時期にエネルギーの中心だったのは石炭です。戦争中に荒れ果てた炭鉱を整備し、石炭を燃料に火力発電所や製鉄所を動かし、生産された鉄は社会のインフラ整備に役立てられました。石炭は「黒いダイヤ」といわれるほど、日本経済になくてはならないものでした。

しかし第二次世界大戦後、中東で石油生産が軌道に乗り、石油が大量に供給されるようになります。石油の価格は下がり続け、発電用燃料としての単価は60年度以降、石炭より石油のほうが安くなりました。

発電所の建設費も、石炭より石油のほうが安くてすみました。石炭は固体で貯蔵や運搬が大変ですが、発電用の石油はパイプラインで送ることができるからです。こうして日本では、エネルギー源が石炭から石油へ移行するエネルギー革命が起きました。

斜陽産業となった石炭業界では、大規模な合理化と人員削減に踏み切り、労働組合との激しい争いが発生しますが、結果として組合が負けて炭鉱がどんどん閉鎖されていき

ます。

日本の一次エネルギーの供給構造を見ると、60年に石炭が44・2%、石油が33・4%の割合でしたが、10年後の70年になると石炭は21・3%にほぼ半減する一方、石油は69・9%と約2倍に伸びました。

このように日本で石油への依存度が急速に高まる中でオイルショックが起きたのです。

高度経済成長路線の終焉とスタグフレーション

オイルショックが発生したのは前述したように、ちょうど田中角栄が日本列島改造論をぶち上げ、公共事業を全国で進めていた時期です。

日本列島改造ブームで土地投機が激しくなり、73年の公示価格年別変動率は全国の全用途平均で30%を超え、電気やガスなどの公共料金は値上げラッシュが続き、商品の買い占めに走る企業もあるような状態でした。

すでに景気が過熱し、物価が上がり始めていたところにオイルショックで石油価格は急激に上昇しました。『戦後値段史年表』(週刊朝日編、朝日文庫)によると、東京におけるガソリン1リットルあたりの年平均小売価格は、72年は58円でした。それが翌73年になると66円、74年には98円と急激に値上がりしていきました。

消費者物価指数をみると73年が前年比11・7％、74年が同23・2％の上昇ですから、いかにすさまじい物価の上がり方だったのかがわかるでしょう。第2章でふれたトイレットペーパー騒動が起こったのはこのときです。他にも洗剤や砂糖などが品不足になり、商店の店頭からなくなりました。激しい物価の上昇で当然、人々の生活はさまざまな打撃を受けます。

たとえば、学生は就職難に直面しました。私が就職活動をしていた72年は売り手市場でいろいろな企業が学生に対し「入社試験を受けにきてくれたら交通費を出します、日当を出します」といって、必死に新卒社員を確保しようとしていました。しかし73年になると一転。企業は新卒採用の人数を削減したり、採用そのものを取りやめたりしました。卒業する年度がたった一年違うだけで学生は大変な思いをすることになりました。

この危機に対し田中総理は大蔵省の官僚出身である福田赳夫を蔵相に起用し、対策を任せました。福田は「角福戦争」で田中と対立し、田中内閣の経済政策にも批判的でしたが、そんな福田に田中は頼らざるを得なかったのです。

福田はこのときの急激な物価上昇を「狂乱物価」と呼び、「日本経済は全治3年」と宣言しました。実際、景気の引き締め策が取られても物価の高騰はなかなか収まらず、不況なのにインフレーションが進む「スタグフレーション」が大きな問題になりました。スタグフレーションとはインフレーションと不況を意味する「スタグネーション」を合わせた造語です。60年代から続いてきた高度経済成長路線はついに限界に突き当たり、終焉を迎えたといえます。

オイルショックの影響で、エネルギーの節約が呼びかけられました。テレビ放送はNHKは午後11時まで、在京民放5社は深夜12時半で打ち切られ、夜の街のネオンは全部消え、銀座もどこもかしこも真っ暗になりました。ガソリン価格の上昇で自動車の運転が控えられ、ガソリンスタンドではなかなか給油ができなくなりました。

一方、この頃は労働組合が元気だったので、労組の中央組織である総評（日本労働組合総評議会）が春闘で賃金の引き上げを強く要求し、74年の民間主要企業における賃上げ率は32・9％にもなりました。物価は猛烈に上がりましたが、それに見合う形で給料も上がったわけです。

企業も生き残るために懸命の努力をします。徹底的な業務の効率化による減量経営や省エネルギー化が推進され、石油をじゃぶじゃぶ使わないでも成り立つ産業構造への転換が進められていくことになります。

沖縄返還と現在も残る米軍基地問題

長期にわたる日米政府の交渉により、72年5月15日、アメリカから沖縄が返還され、日本に復帰しました。正式には施政権返還といいます。しかし、返還が果たされても問題は山積みの状態で、復帰から50年以上がたった現在も米軍基地の沖縄集中や本土との経済格差などの問題は解消されていません。

そもそもなぜ、沖縄は日本から切り離されてアメリカの施政下にあったのか。

太平洋戦争で沖縄は日本軍と米軍がぶつかる熾烈《しれつ》な地上戦の舞台になり、民間人にも多大な犠牲者が出ました。沖縄の住民は、米軍と日本軍の両方から被害を受けたためです。日本軍は沖縄の住民を守らず、それどころか自分たちのために住民を犠牲にすることすらありました。

沖縄県の文書には、こう記されています。

「日本軍は、住民に対して壕追い出し、食料強奪、陣地の漏洩防止のために幼児を毒殺・絞殺・刺殺するといった行為、スパイ視殺害行為、友人・知人・肉親同士の殺し合いであるいわゆる『集団自決』の強要などが相次いで発生した」（沖縄県編『沖縄　苦難の現代史』）

沖縄本島に上陸した米軍は沖縄を占領し、住民を収容所に収容し、無人となった沖縄の土地を接収して日本本土を攻撃するための基地を整備しましたが、そこで日本が降伏し、太平洋戦争が終了します。

しかし、東西冷戦が始まると、台湾はもちろん中国や朝鮮半島にも近い位置にある沖縄は、米軍にとって東アジアで軍事力を維持する場所としてキーストーン（要石）になりました。

第二次世界大戦が終わり、51年のサンフランシスコ講和条約によって日本は独立を果たしますが、このとき、沖縄や奄美群島、小笠原諸島は日本から切り離され、米軍による占領が続きました。

奄美群島では切り離された直後から集落単位でハンガーストライキが行われるなど猛烈な日本復帰運動が発生し、52年にトカラ列島が、53年に奄美群島が返還されました。

奄美群島は米軍基地がなく、沖縄に比べて復帰運動が激しかったため、早々にアメリカは統治を諦めました。

言い方をかえれば、奄美群島はアメリカが統治に執着する価値があまりなかったのです。しかし、沖縄には米軍基地が多数あり、しかも自国の統治下なので自由に使うことができます。東西冷戦のなか、アメリカにとって沖縄は非常に価値が高いので、なかなか日本に返そうとはなりません。

沖縄ではさらに米軍基地が拡充されたほか、使用される通貨はドルになり、自動車が右側通行で人は左側通行、日本本土と沖縄を行き来するにはパスポートが必要と、沖縄は〝アメリカ〟になってしまいました。

米国統治への不満で5000人の群衆が暴動

沖縄における米軍基地の拡充のため、拡張の対象となった地域の住民は米軍兵士の銃剣で追い立てられ、ブルドーザーで基地が造成されました。さらに54年、軍用地料として毎年賃借料を支払うかわり、土地代金に相当する額を一括して支払う方針を米軍が打

1970年12月に沖縄で起きた「コザ暴動」。アメリカ軍車両や施設を群衆が延々と燃やしていく焼き討ち事件。背景に米施政下での圧政、人権侵害に対する沖縄の人々の不満があった。

ち出すと、土地が半永久的に返ってこないと危機感を抱いた住民たちが反対運動に乗り出します。これは「島ぐるみ闘争」と呼ばれました。

このようなアメリカ統治に不満を募らせる状況もあって、沖縄の人たちは祖国である日本に戻りたいと、次第に祖国復帰運動が高まっていきます。

沖縄の人たちがアメリカに対する不満を爆発させる事件も起きました。70年に発生した「コザ暴動」です。

現在の沖縄市であるコザ市で同年12月、アメリカ軍兵士が交通事故を起こしました。当時、アメリカの統治下である沖縄では、米軍の兵士が事故や事件を起こしても沖縄の警察は何も調べることができず、米軍のＭＰ（Military Police　憲兵）が処理を行い、加害者が無罪になったり未解決のままになったりすることが相次いでいました。

「またアメリカ軍が勝手なことをやるのか」と不満を持った人たちが事故現場に集まり、やってきたＭＰを取り囲んでいたところ、目の前で別の米兵の車が事故を起こしました。それをきっかけに暴動が始まりました。

アメリカ軍の兵士が乗っている車はナンバープレートが黄色なので一目瞭然です。沖縄の人たちは手あたり次第、米兵の車を引っくり返し、火を放っていきました。普段からたまっていた人々の怒りが爆発し、５０００人もの群衆が延々と米軍の車を燃やしていく大暴動に発展したのです。

コザ暴動は沖縄返還交渉に大きな影響を与えました。アメリカからすると、これほど住民の敵意に囲まれた土地で、従来のままで基地を維持するのは難しい。日本側に沖縄を返還した上で、米軍基地を維持するほうがよいと考えるようになります。

「糸で縄を買った」沖縄復帰と日米繊維交渉

一方、日本側は、もちろん沖縄復帰に前向きでした。

58年の夏の甲子園でアメリカ統治下の沖縄代表を特別に参加させると、みんな大歓迎でした。ところが沖縄代表が一回戦で敗北し、甲子園の土を持ち帰ろうとしたところ、沖縄に帰るところで検疫に引っかかります。当時の沖縄において、甲子園の土は外国の土にあたったためで、代表チームが持ち帰った土は沖縄に入る前に全部捨てさせられました。そんな悲劇も沖縄返還運動を盛り上げる力になっていきます。

65年、戦後はじめて総理大臣として沖縄を訪れた佐藤総理は「沖縄の祖国復帰が実現しない限り日本の戦後は終わらない」と名台詞を言って沖縄返還への意欲を示し、アメリカと協議を重ねていきます。佐藤には沖縄返還を自分の実績にしたいとの思いがありました。

懸案だったのは核兵器の扱いです。沖縄の米軍基地には核ミサイルの「メースB」が配備され、中国を狙っていました。しかし佐藤は日本には「核兵器を持たず、作らず、持ち込ませず」の非核三原則があるといって、核兵器の撤去を求めました。これを佐藤内閣は「核抜き本土並み返還」と称しています。

佐藤栄作（1901-1975年）。1974年、ショーン・マクブライド氏（右）と日本人初のノーベル平和賞を授与された。理由は非核三原則、沖縄返還など。

ちょうどこの頃、日米間には沖縄返還とは別の懸案がありました。それは日米繊維摩擦という貿易問題です。アメリカは日本から安い繊維製品が大量に流れ込んで困っていたので、日本に対し繊維製品の輸出を規制するように要求しました。交渉の末に日本側はこの要求を呑み、補助金を出して繊維産業の工場を閉鎖させていきます。

つまり、佐藤総理が「沖縄を返してくれ」といったときに、ニクソン大統領は「繊維摩擦を何とかしろ」といったわけです。そこで沖縄返還が決まったとき、「糸で縄を買った」とメディアは書きました。糸とは繊維産業、縄とは沖縄のことです。

「核抜き本土並み返還」の裏側に密約

日米政府の交渉の結果、アメリカは核兵器の撤去に同意しました。また、米軍は毒ガス兵器を大量に持っていることもわかりましたが、こちらも撤去させることに成功し、沖縄は日本に返還されました。非核三原則を表明し、平和裡に沖縄返還を成し遂げた佐藤はノーベル平和賞を受賞します。

しかし、本土復帰しても米軍基地の多くは返還されず残されたままです。現在、国土面積の0・6%に過ぎない沖縄に日本の米軍基地の約7割が集中している状態です。経済面でもさまざまな振興策が行われていますが、県民所得は47都道府県で最下位が続いています。

また「核抜き本土並み返還」という日米交渉における建て前も、その裏には密約があったことが後にわかります。

日本に駐留する米軍で部隊や兵器の移動など大きな変化がある場合、日米安全保障条約で日本政府と事前協議をする取り決めになっています。密約とはこの取り決めに基づき、もし米軍がいったん撤去した核兵器を日本に持ち込みたいと事前協議を求めたら、日本は必ずOKすると約束していたことです。アメリカとしては核兵器を撤去してもまたいつでも持ち込めるため、日本側の核兵器撤去の要求を受け入れたわけです。

自民党政権は密約の存在を指摘されても否定し続けてきましたが、アメリカではいろいろな条約に関する公文書は、定められた時期が来たら公開する決まりになっています。これにより密約の存在が報じられましたが、日本政府は否定を続けました。

結局、日本政府が密約の存在を認めたのは民主党政権になってからのことです。民主党政権が改めて調査を行い密約があったことを認めたのですが、当時の関係書類は破棄されていました。これは結局、日米関係の深い部分はアメリカの公文書館に行かなければわからないという情けない状態を示すものでもあります。

【参考文献・資料】

新潟県「新潟水俣病のあらまし〈令和元年度改訂〉」

https://www.pref.niigata.lg.jp/uploaded/attachment/212530.pdf
日本経済新聞「イタイイタイ病が全面解決　三井金属、一時金と謝罪で文書調印」
https://www.nikkei.com/article/DGXNASDG17005_X11C13A2CR0000/
三井金属鉱業「神通川流域におけるイタイイタイ病・カドミウム被害問題の全面解決について」
https://www.mitsui-kinzoku.com/Portals/0/resource/uploads/topics_131217.pdf
国土交通省「平成22年地価公示　35.【ＰＤＦ】公示価格年別変動率——参考資料」
https://www.mlit.go.jp/common/001260536.pdf
厚生労働省「令和５年　民間主要企業春季賃上げ要求・妥結状況を公表します」
https://www.mhlw.go.jp/stf/newpage_34190.html
国立公文書館「高度成長の時代へ　１９５１‐１９７２　23.沖縄の返還」
https://www.archives.go.jp/exhibition/digital/high-growth/contents/23/index.html

政野淳子『四大公害病』（中公新書）
週刊朝日編『戦後値段史年表』（朝日文庫）
矢野恒太記念会『数字でみる日本の１００年　改訂第7版』
沖縄県編『沖縄　苦難の現代史』岩波書店

第6章　「昭和の青春」世代のこれまでとこれから

日本の発展を導いた「人口ボーナス」

本書ではここまで「昭和の青春」時代をさまざまな視点からたどってきました。その間に起きた世の中の変化を振り返ってみると、大きかったのは何といっても生活の豊かさの向上です。

かつては洗濯板を使って手で衣類を洗っていたのに対し、洗濯機に衣類を入れてスイッチを押せば勝手に洗ってくれるようになり、スーパーマーケットの普及で多種多様な商品を安い値段で買えるようになりました。

所得倍増計画で人々の給与が増えて生活にゆとりができ、自家用車を持つ人も増えました。汲み取り式だったトイレは水洗トイレに置き換えられていき、リボン状のハエ取り紙を天井から吊るしている家も見かけなくなっていきます。ゴミとほこりが舞っていた街の通りも清潔になっていきました。

戦後の昭和時代に高度経済成長が実現し、日本が世界の中でも驚くほどの発展を遂げた理由の一つには「人口ボーナス」があります。

人口は15～64歳の生産年齢人口と、0～14歳と65歳以上の人口、すなわち子供と老人からなる従属人口に分けられます。人口ボーナスとは総人口に占める生産年齢人口の割合が増加して経済成長が促される状態を指します。

大勢の子供たちが生まれ、その人たちが生産年齢に達すると活発に消費活動をすると同時に、労働者として生産活動をするようになります。これにより経済が発展するのが人口ボーナスというわけです。

確かに日本の年齢別人口の割合をみると、15～64歳の生産年齢人口比率は1960年に64・1％だったものが10年後の70年には68・9％へ増加しています。

貧しさから抜け出したい、豊かになりたいという人々の思いも強くありました。当時、アメリカのテレビドラマでものすごく大きな冷蔵庫が出てきたり、みんなが自家用車を乗り回している生活を見て、豊かな生活への憧れを募らせました。そして一生懸命働けば必ず去年より今年、今年より来年のほうが給与は上がりました。企業も頑張ってよいものをつくれば売れたので、ものづくり信仰が強まっていきました。

モーレツからワーク・ライフ・バランス重視の世の中へ

しかし、このような恵まれた時代は永遠には続きません。とくに90年代にバブル景気が崩壊して以降は経済の低迷が続きます。いわゆる「失われた30年」です。

そのため、たとえば平成の時代に入ってから生まれた世代は高度経済成長を経験した世代とは対照的に、経済成長率が低い時代をずっと経験することになりました。

生産年齢人口の増加がピークアウトして人口ボーナス期は終わり、世の中のいろいろなところで人手不足が発生するとともに、活発に消費する人たちが減少し、経済は落ち込んでいく。これを「人口オーナス」といいます。オーナスとは負荷という意味です。いままさに日本では人口オーナスが起きています。ちなみに中国でも日本と同じ事態が起きつつあり、「中国の日本化」といわれています。

前述したように、70年に68・9％だった日本の生産年齢人口の割合はその後、2020年には59・5％まで落ち込みました。また0～14歳の子供人口も同じ期間に24・0％から11・9％に減る一方、65歳以上は7・1％から28・6％に大幅増加しています。

こうなると去年より今年、今年より来年と生活が豊かになった時代とはまったく異なる状況になっていきます。

団塊の世代が大学を卒業して就職をした時代はどんどん給与が上がっていき、しかも大手企業に入社すれば終身雇用ですから、何か不祥事でも起こさない限り定年まで安心して働けます。働きに応じてボーナスも出て、会社が発展して組織が大きくなれば役職も増えるので、「自分も部長くらいにはなれるだろう」と地位に対する希望も持てました。みんなモーレツ社員になって一生懸命働いたわけです。

自宅よりもエアコンが利いた会社のオフィスのほうが快適なので夜遅くまで働けるし、そうすれば残業代も付きます。そんな社員の一体感を高めるために社員旅行が行われ、観光地のホテルで温泉に入った後、何百人の社員が浴衣姿で一緒に食事をとる。女性社員も浴衣姿にさせられてセクハラのような状況も起こっていましたが、とにかく会社こそが人生であり、「会社」がひっくり返って「社会」となる、という価値観が「昭和の青春」世代では当たり前でした。

しかし、現在は人生を会社に捧げるような価値観には疑問が持たれ、ワーク・ライフ・バランスが重視されるようになりました。そもそも会社に人生を捧げたいと思って

戦後の日本では社員の一体感を高めるために社員旅行が行われた。旅行先は熱海や鬼怒川温泉など観光地が多かった。

も、もはや会社はその期待に応じられません。業績が悪化するとすぐ希望退職を募ったり事業所を閉鎖したりするのはある意味、社員に対する裏切りですから、会社に対する社員の忠誠心がなくなっていくのは当然でしょう。

「成長経験」の有無で広がる世代間のギャップ

こうした違いに見られるように、経済が成長していた時代に青春を送った人たちと、停滞が続いた時代に青春を送った人たちとの間には、考え方や感覚のギャップが生じやすくなります。

「俺は死に物狂いで頑張って成功したのだから、お前たちも同じように頑張れ」という企業経営者はその一例でしょう。私がいたＮＨＫの社会部でも、特ダネを他社に抜かれると「特ダネを抜き返すまで家に帰るな」とか、特ダネを取れなかった記者は丸坊主になるとかいったことが当たり前に行われていました。しかし社会状況が大きく変化しているのですから、昔の当たり前が現在も当たり前とはなりません。世代が上の人たちの中には、この点に気付いていない人もいます。そういう人が昔の感覚で若い世代をモーレツに働かせようとすると、パワハラになってしまうわけです。

そもそもモーレツに頑張ればよい結果を出せるかといえば、デジタル化やテクノロジーが急速に発達するなかでは、必ずしもそうはいきません。少し前にはオーディオプレーヤーやカメラ、ビデオなど消費者が単体で買っていたさまざまな電化製品は、いまや手のひらサイズのスマホ一つのなかに、それらの機能すべてが集約されています。そんな状況で「もっとオーディオプレーヤーをたくさん売るんだ」、と掛け声をかけても意味がありません。

個人も国家も、成功体験で失敗しがちです。かつて日本は優れたものづくりによって「メイド・イン・ジャパンは素晴らしい」と称賛され、みんないい気になっていました。

確かにそれは事実でした。他国の製品とくらべ日本製品は品質の良いものが多かったのです。

その結果、品質が良ければいいだろうと思い込むようになりましたが、実は世界の人たちは「それほど品質が良くなくても構わない」と考えていました。たとえばソニーやパナソニックのテレビと、サムスンやＬＧのテレビを見比べてどれだけ差があるのか。日本の家電芸人にいわせると明らかに日本製のほうが優れているそうですが、小さな違いなど世界の消費者は気にしていません。むしろ、ある程度以上の品質があるなら安いほうがいい。結果、日本の家電メーカーはサムスンやＬＧに市場を席巻されてしまいました。

以前は海外に行くと空港から一歩外に出た途端、目の前にソニーや日立、東芝といった日本企業の広告が目に入ってきましたが、いまはサムスンやＬＧ、あるいは新興の中国企業です。ニューヨークのタイムズスクエアでも、昔は一番よい場所に日本企業の広告が出されていたのですが、だんだん減っていき東芝だけが残っていました。いずれ東芝の広告もなくなるのだろうと思っていたら、不正会計問題をきっかけに会社の経営そのものが混乱し、今後どのように収拾していくのかという状態です。

ちょうどバブル景気の時期にあたる平成初期、企業の世界時価総額ランキングには日本企業がトップ10に名を連ねていましたが、いまは見る影もありません。かつて「ジャパン・アズ・ナンバーワン」と持ち上げられていた日本経済の国際的地位は、すっかり低下してしまいました。一人当たり購買力平価GDPは、すでに韓国に追い抜かれています。

給与は頭打ち、負担は増加する現役世代の苦難

戦後の貧しい生活が1960年代、70年代にどんどん豊かになっていったのに対し、失われた30年ではデフレで物価が上がらないかわりに、給与も上がらない状態がずっと続きました。これにより「昭和の青春」世代が子供の頃に体験した貧しさとは別の大変さが若い世代にはあります。

厚生労働省の「毎月勤労統計調査」によると、70年の月間現金給与総額（事業所規模30人以上）は約7万6000円。それが10年後の80年には約26万3000円へと大幅に増加しています。これが90年代半ばから後半にかけ、さらに40万円台にまで増えるのですが、

そこで頭打ちになります。２０００年が約39万８０００円で、10年は約36万２０００円、20年は約36万５０００円という具合です。

正規雇用と比べ賃金が低く、企業が教育訓練に正規雇用ほどお金をかけないパートやアルバイトなどの非正規雇用で働く人の割合も増加しています。

一方、社会保障給付費は増加しています。一人当たり社会保障給付費の推移を見ると、１９７０年は３万４０００円でした。それが団塊の世代が40代になった時期にあたる90年は約38万４０００円。さらに２０２０年には大台を突破し、約１０４万８０００円にまでなっています。

このように全体としていまの現役世代は給与が頭打ちの上に、社会保障費の負担が大幅に増加しています。収入が増えないのに負担が増えれば、苦しくなるのは当然です。

また、社会が豊かになることで、収入が世間一般よりたくさんあってもかえって苦しい状況が生まれている様子も見られます。

東京都内で家を買い、子供を塾通いさせたら、住宅ローンと教育費、生活費で負担は大変なことになります。仮に年収が１０００万円あっても相当苦しいでしょう。そんな形で生活が苦しい人たちはたくさんいます。

子供を塾に通わせなければいい、大学なんか行かなくてもいいじゃないか、という考えを取ればそれほど苦しくはなりませんが、自分の周囲の人たちと同じ水準で生活し子供の教育をしようとすると、結果的に苦しくなってしまうわけです。

G7で最悪の「相対的貧困率」

また、昔と比べ貧しさが見えにくくなった、わかりにくくなったという問題もあります。

私が子供の頃の貧しい人は、一目でわかりました。毎日、同じ服を着ていたり、服の破れにつぎをあてていたり、あるいは袖が青っ洟《ばな》でテカテカに光っていたり。栄養状態が悪いと免疫機能が弱まり蓄膿症になり青っ洟がたくさん出る場合があります。それを何度も手元で拭《ぬぐ》うため、服の袖にあとが残ってしまうのです。

しかしいまは生活が大変でも、ファストファッションで買った服を着ておけば、周囲からは小ざっぱりとして見えます。毎日風呂に入り、シャンプーで洗髪もしている。

私が小学生の頃は、隣の席の同級生の髪の毛から異様な臭いがすることがよくありましたが、それが当たり前と思っていたのでとくに何も感じませんでした。私自身、髪の毛を洗うのは週に1～2回で、しかも固形石鹸を使っていました。シャンプーが普及し、世の中の人たちが洗髪をする回数が増えていくのはもっと後のことです。

要するに、絶対的な生活水準は昭和より現在のほうがずっと豊かになり、飢え死にに追い込まれるような貧困はあまり見られなくなりました。しかし相対的に収入が少ないため満足に食事がとれず栄養状態が良くなかったり、子供が適切な教育を受けられず低学歴になり、収入も低くなり、貧しさが再生産されるような状況はあります。

子供食堂を作ると大勢子供がやって来るのはそのためです。子供食堂に来る子供たちの服装はみんな小ざっぱりとしていて、あまり貧しさを感じさせません。しかし夏休みに入って学校給食がなくなると、途端に栄養失調に陥ったりします。

また、シングルマザーで、生活費のためにパート労働を二つ三つ掛け持ちしているような家庭では、母親が忙しいので朝、コンビニのおにぎりを買い与え、「今日はこれで済ませなさい」というような状況が起こります。

貧困には「絶対的な貧困」と「相対的な貧困」があります。前者は世界的に見て貧しい状態。後者は国内の他の人たちと比べて貧しい状態で、相対的貧困率という指標が出されています。OECD（経済協力開発機構）が発表しているデータによると日本は15・7%で、G7（主要7ヵ国）の中で一番悪い数字です（23年9月13日閲覧）。

団塊の世代の高齢化が引き起こす「2025年問題」

日本経済の国際的な地位低下や、自分たちより若い世代の生活の苦しさ、相対的貧困の広がりは、高度経済成長期やバブル景気でどんどん豊かになる経験をしてきた世代には、なかなか気付きにくいところです。

このような状況の中、2025年になるとすべての団塊の世代が75歳以上の後期高齢者になります。

年齢を重ねていけば誰でも病気のリスクが高まり、認知症にかかる人も増えていきます。これから高齢者が増加すればその分、世の中で必要な医療費や介護費などの社会保障費が増加していきます。また、少子高齢化が進む日本では、労働力人口が減少していきます。

社会保障費が増えて働く人が大幅に減るとどうなるか。一人当たりの社会保障費負担が増えることになってしまいます。医療や介護に従事する人材の確保も重要になりますが、世の中全体が人手不足になっていくのでそれも大変です。

日本の総人口は23年4月1日現在、1億2455万4000人で、そのうち65歳以上が29・1%、75歳以上が15・9%を占めています。

『令和5年版高齢社会白書』では今後、日本の総人口は減少を続け令和38(2056)年に1億人を下回る一方、高齢化率は上昇を続け、令和52(2070)年には国民の2・6人に一人が65歳以上になるとの推計が示されています。実に長い期間にわたって人口の減少と高齢化が進んでいくと予測されているわけです。

高齢化による医療費や介護費などの負担増大に関しては、世代間戦争のような様相もあります。「高齢者は老害化する前に集団自決したほうがいい」という極論を言ってのける若手の学者まで出てきました。

これまでその人口の多さによって世の中を動かしてきた団塊の世代ですが、これからその人たちが年齢を重ね、後期高齢者に突入することで深刻化する社会保障費や人材不足の問題、いわゆる「2025年問題」については、どう向き合っていけばよいでしょうか。

若い世代への思いやりと「自立」した生き方

年配の人たちにすれば「自分たちは苦労して先輩たちを支えてきたのだから、年金をはじめいろいろな支援を受けられるのは当然の権利である」と考えるのは当たり前だと思います。しかしこれまで見てきたように、下の世代の人たちの負担は年々重くなり、大変な思いをしているのを踏まえれば、これからの日本を支える若い人たちへの思いやりが非常に大切になります。

もちろん大前提として病気になってしまったり、生活が苦しくなってしまったりしたら公的な支援を受けられるのは当然の権利ですが、何もかも下の世代に押し付けたり依存したりはやめたほうがよいし、一人ひとりが普段の生活や収入の確保など、さまざまな面でなるべく自分でできることは自分でやるという、自立した生き方をしていくことが求められます。

人間は誰でも歳を取って老いていくので、やがて限界がくるかもしれませんが、健康に気を付けてできるだけ自立して生きる時間を長くする。自立できるところまで自立して生きる。これはすでに高齢者になっている人に限った話ではありません。人口の減少と高齢化率の上昇が長期にわたって継続するとの前提に立てば、いま若い人もいずれ歳を取ると同じ課題に直面するからです。

自立した生き方は自分より若い世代、子供たちの世代に負担をかけないという話だけではなく、自分が元気で生き生きと暮らしていくためでもあります。

早期退職制度でＮＨＫを飛び出した理由

私自身の話をすると、ありがたいことに世の中の一般的な定年の年齢を過ぎ、70歳を超えてからもいろいろなお声がけをいただいて仕事をしています。それができるようになったきっかけは54歳のとき。早期退職制度を利用してＮＨＫを退職してフリーランスで活動を始めたことです。

もともと定年まで会社にいた後は子会社や関連会社を紹介してもらって働くようなことはしたくないとの思いがあって、定年を迎えた後はフリーランスの立場で原稿を書いたり、大学で教えたりする仕事をしたい。そのためにはどうすればよいか、日々の努力や模索を続けていました。

そのため、まさか定年前に辞めることになるとは思っていなかったのですが、早期退職制度を利用すると退職金が上積みされるというので「これはチャンスだ」と思い、予定より早い退職に踏み切りました。当時のＮＨＫでは一般職員の定年は60歳ですが、私はそれより上の職位になっていたので57歳が役職定年でした。その3年前から早期退職制度を利用できたのです。

もしそのまま役職定年まで在籍していたら、次は関連子会社の役員になるというルートではありました。

柳田邦男（1936年-）。ノンフィクション作家、評論家。航空機事故、医療事故、災害などを主題としている。代表作は『マッハの恐怖』『ガン回廊の朝』など。

しかし、私のジャーナリストとしての原点は、ＮＨＫ出身の柳田邦男さんです。ＮＨＫに入って研修を受けたとき、研修所の先生としてやってきたのが、当時バリバリの社会部記者だった柳田さんでした。柳田さんはＮＨＫ記者として航空機事故の

筑紫哲也(1935-2008年)。ジャーナリスト、ニュースキャスター。時事問題に関して私見を述べることで、賛否両論ではあったが気骨あるキャスターとして人気を博した。

取材を続け、『マッハの恐怖』という本を発表して大宅壮一ノンフィクション賞を受賞しています。

ところが、38歳のときに地方のデスクになりなさいといわれたらさっさと辞めて、フリーのジャーナリストになったのです。そしてどんどん取材して本を書いていくようになる。格好いいなと思いましたし、憧れますよね。NHKを辞めて活字の世界で生きていく。自分もいずれ、そんな風になりたいと思っていました。

もう一人、憧れだったのが筑紫哲也さんです。『朝日新聞』の記者を辞めたあともテレビの仕事で現場に行ってレポートしたり、本を執筆したりして格好いいなと思いました。だから『そうだったのか！　現代史』の帯の推薦文は筑紫さんにお願いしています。

独立して仕事を得るために必要なことは？

とはいえ、憧れるジャーナリストの先輩がフリーランスで活躍しているからといって、何の仕事のあてもなかったら50代で会社を辞めるのはなかなか難しい。

早期退職に踏み切れたのは、すでに書籍の仕事を受注していたからです。講談社で1冊、集英社で1冊、執筆の依頼があったので、とりあえず1年間はなんとかなるだろう。印税収入がそれほどではなくても、とりあえず慎ましい生活はできるだろう。そう思えたことが背中を押してくれました。

NHKを辞めるときは同期が集まって送別会を開いてくれました。そこでは当然、「お前、これからどうするんだ」と聞かれます。「とりあえず2冊は依頼がきているので、1年間はなんとかなる。その先は、まあ出たとこ勝負だよね」と話したのを覚えています。

退職に忠告をしてくれる人もいました。集英社の子会社の編集者が、「いまノンフィクションでなんか食べていけないぞ。NHKに残って、NHKの3文字を使って本を書いていったほうがまだ生活はできる」と言ってくれたのです。でも、「いや、とにかく辞めたいので辞めるんです」と答えたら心配してくれて、『週刊ポスト』の連載の仕事を紹介してくれました。これで毎週、原稿を書いて原稿料をいただけることになりました。さらに原稿がたくさんまとまれば書籍化して、それでまた食べていける。

振り返ってみると会社の外の人たちとのつながりが、会社を辞めて仕事を始める上で大きな支えになりました。

自立した働き方を考えるのなら、勤めている会社の中の人たちとばかり付き合うのはよくありません。どうせ食事や飲み会をするなら積極的に会社の外に出て行って、人の出会いとつながりを広げていくのが大切です。一つの会社の中に閉じこもるのではなく、社会との関わりを増やしていくのです。

社会との関わりの維持が元気に生きるカギ

歳を取るほど仕事から引退する人が増えていきますが、引退した後こそ、自分で意識して社会との関わりを持っていくことが大切になります。

私の大学の同級生、つまり70歳を超え後期高齢者一歩手前の友人たちを見ていると、会社を退職した後もボランティアや何らかの形で働いている人が多いのです。たとえば再就職したい人たちの相談窓口での仕事を地元自治体の嘱託で引き受けたり、町内会やマンションの自治会の役員を務めたり。

そうやって引退した後も周囲の社会とつながって、誰かの役に立つことをしたいとの思いで働いている人たちは、元気で若々しい。その一方で何もせず家に引きこもってばかりいる人たちは、本当に元気がありません。

70歳を超えてボランティアで働いてもお金が稼げるわけではありませんが、社会と関わり何らかの貢献をしていくと、自分の存在意義が生まれます。年金や貯蓄など経済的な状況は人それぞれですが、少なくとも質素な暮らしをしながら社会と関わりを保ち、誰かに感謝され喜ばれるようなことをちょっとでもしていれば、充実した毎日を送れます。

逆に社会との関わりが一切なくなると、自分の存在価値を見出せなくなってしまいます。すると「自分は何のために生きているのだろう」とどんどん元気を失ってしまいかねません。

20代や30代と同じように身体が動くわけではなくても、必要とされることはいろいろあります。たとえば小学校の登下校の時間に子供たちを見守って、事故や事件に遭わないように見てあげるだけでも地域の人たちから喜ばれるでしょう。

前出の『令和5年版高齢社会白書』で紹介されている高齢者を対象とした調査の結果をみると、一年間にスポーツや地域行事などの社会活動に参加した人は、健康状態が「良い」と回答した割合が高いのです。また、社会活動に参加して良かったと思うことについては、「生活に充実感ができた」「新しい友人を得ることができた」「健康や体力に自信がついた」と回答した割合が高くなっています。

こうした調査からも、やはり社会との関わりを持つことの重要性がわかります。では、どんなところから始めればよいかわからないという男性諸氏には、まずは「おばさん化」を心掛けてみるのをお勧めします。

どちらかといえば男性は女性に比べ気軽に他人と関わることが苦手な人が多いですが、おばさんたちは知らない人同士でも気軽に話しかけたり、すぐ仲良くなったりできます。大阪のおばさんなら、知らない人に飴ちゃんをあげたりする。その姿勢をおじさんも心掛けるのです。

NHKで「週刊こどもニュース」を担当していた頃、私自身よく見知らぬ人に声をかけ談笑していたので「おばさん化」しているといわれました。たとえばスーパーのレジで待っている時間が長いと「いや、時間がかかりますね」と周りの人に話しかけたりしていたからです。そうしたところから生まれるつながりもあるでしょう。

逆に会社を定年退職して自宅からずっと外に出ず、一日中パジャマやジャージで過ごすような生活をしてはいけません。他人との関わりがなくなり心も身体も緊張感が失われ、どんどん老化が進んでしまいます。

やはりきちんと毎朝起きて、男性ならちゃんとひげを剃って身だしなみを整え、服を着替える。本当に基本的なことですが、これは非常に大事なことです。着るものに無頓着になってくるのは危険信号です。

定期的に書店に足を運び世の中の動きを知る

もう一つ、年齢を重ねても生き生きとしている人は、好奇心が旺盛な人が多いと感じます。新しい何かを知ることはそれ自体、喜びであり、何かを知ることでまた新しい好奇心が生まれてきます。

現在は多くの大学で社会人向けのコースを開設しているので、自分が興味のある分野を受講するのもよいでしょう。それでも飽き足らなければ大学院に進学する手もあります。

いまは面接だけで入れる大学院もあります。大学院でどんな研究をしたいのかについて研究計画を作成し、面接を受ける必要はありますが、語学の試験や論文の提出などは要求されないところがかなりあるのです。

大学に通えば定期的に学校へ行くので、ちょうどよい運動にもなります。私が客員教授を務めている立教大学でも毎年社会人の学生がいて、前のほうに座って質問をし、とても熱心に受講している姿が見られます。

リアル書店に週に何回か足を運ぶのもお勧めです。書店に並べられている本を見れば、世の中がどんな風に動いているのか、どんな分野への関心が高まっているのか、いろいろなことがわかります。外出して歩くよい機会にもなるでしょう。

何歳になっても勉強は大事です。いろいろなところに好奇心を向けることで、自ずと自分も元気になっていきます。

自分が高齢者になったとき、自立して社会との関わりを保ち、少しでも誰かの役に立ちつつ、好奇心を発揮して元気に過ごす。それは人生の残り時間を充実させることでもあり、社会的な負担の軽減につながるという意味では最後のご奉公にもなるでしょう。

【参考文献・資料】

総務省統計局「令和２年国勢調査　調査の結果」
https://www.stat.go.jp/data/kokusei/2020/kekka.html
労働政策研究・研修機構「早わかり　グラフでみる長期労働統計　Ⅳ賃金　図１　賃金」
https://www.jil.go.jp/kokunai/statistics/timeseries/html/g0401.html
国立社会保障・人口問題研究所「令和３年度　社会保障費用統計」
https://www.ipss.go.jp/ss-cost/j/fsss-R03/fsss_R03.html
ＯＥＣＤ「貧困率（Poverty rate）」
https://www.oecd.org/tokyo/statistics/poverty-rate-japanese-version.htm
総務省統計局「人口推計」
https://www.stat.go.jp/data/jinsui/index.html
内閣府「令和５年版高齢社会白書（全体版）（ＰＤＦ版）」
https://www8.cao.go.jp/kourei/whitepaper/w-2023/zenbun/05pdf_index.html

「昭和は遠くなりにけり」――おわりに

「降る雪や明治は遠くなりにけり」と詠んだのは俳人の中村草田男です。昭和6（1931）年に開かれた句会で発表されました。ところが、いつしか「降る雪や」は忘れられ、「明治は遠くなりにけり」という部分だけが有名になりました。この句が詠まれた昭和の初めには、明治とは、その前の大正よりも前の時代になっていたのですから、この感慨も生まれたのでしょう。

それを考えると、令和の現代にとっても、平成より前の時代の昭和は、遠くなったものです。

ただ、昭和と言っても、戦争を挟んで戦前と戦後では大きな違いがあります。軍国主義が跋扈《ばっこ》し、「ぜいたくは敵だ」という標語が掲げられ、少しでも華美な服装をすると「非国民」と罵られた時代だった戦前は、モノトーンの映像がふさわしいでしょう。

それに対し、戦後は急激な復興とともに色彩が鮮やかになっていく時代でした。それでも１９６０年は日本が政治の季節を迎え、国会議事堂の周辺は「安保反対」のデモ隊が連日渦を巻いていました。

しかし、日本人は忘れっぽいのでしょうか。安保条約が批准されて岸信介内閣が退陣し、池田勇人内閣が「所得倍増」を掲げると、人々は熱心に働き始めます。

「来年は今年より豊かになれる」

人々は、こんな明るい未来を信じることができたのです。そして事実、日本は豊かになっていきます。64年は、日本がいよいよ先進国の仲間入りを果たすことができた年でした。世界に冠たる高速鉄道が走り始め、自動車専用道路である高速道路が縦横に延び始めることになったのです。

私のような世代は、「東海道新幹線に初めて乗ったのはいつだったか」を懐かしく語ることができるのです。

私は50年の生まれ。団塊の世代は、47年から49年までに生まれた人たちのことを指します。この厳密な定義からすれば、私は団塊の世代ではないのですが、体験と気分は団塊の世代と共通です。

当時はとにかく子供の数が多く、次々に小学校や中学校、高校が新設されていきました。小学校の一クラスの人数は50人を超えていました。いまでは信じられない数ですが、先生の目が行き届かないために、かえってプレッシャーを感じることが少なかったように思えます。

そして大学入試を迎えると、「狭き門」という言葉が流行しました。もともとはフランスの作家アンドレ・ジッドの小説の題名で、聖書に由来する言葉ですが、そんなことにお構いなしに使用されました。

当時は「四当五落」という言葉も受験雑誌の誌面を飾りました。これは、「睡眠時間を4時間に削って勉強すれば合格するが、5時間も寝てしまっては落ちてしまう」という意味で使われました。まさに受験戦争という言葉がふさわしいものでした。冷静に考えれば、わずか4時間しか寝ないのでは寝不足で頭が働かず、かえって効率が上がらないだろうと突っ込みを入れたくなりますが、それほどまでに真剣に勉強に取り組んだ若者たちが多かったのです。深夜まで勉強する若者たちに随伴したのは、ラジオの深夜放送でした。

TBSラジオは67年から「パック・イン・ミュージック」、続いてニッポン放送が「オールナイトニッポン」を、そして文化放送は69年から「セイ！ ヤング」をスタートさせました。いずれも深夜の生放送。遅くまで受験勉強をする受験生の心を摑みました。聴取者（リスナーと呼んだ）からのはがきを読みながらリクエスト曲をかけるというシンプルな構成ながら、まるで「深夜の解放区」の様相を呈したものです。

当時は苛烈な受験戦争でしたから、現役での合格は難しく、浪人するのは当たり前という空気で、受験予備校が大きく発展しました。

やっとの思いで大学に入学しても、2年間の「一般教養」の授業は、まるで高校の授業の繰り返し。しかも大学の先生たちは、自分たちのことを研究者だと思っていますから、教育は片手間。熱心に教える先生は少なく、つまらない授業にウンザリする若者が多く、大学に失望した大学生たちは、ある者は大学に行かずにアルバイトに精を出し、ある者は大学改革を求めて学生運動に走りました。学生運動がどのような顚末《てんまつ》を迎えたかは、本文に記した通りです。

そんな若者たちも、会社員になると、「社畜」と称されるほどのモーレツ社員となって働きました。やがてバブル経済となり、バブルがはじけると、「失われた30年」が始まります。

こんな時代に青春を送ってきた元・若者たちは、いまどんな人生を送っているのでしょうか。自己の来し方を振り返る。そんなときの道標にでもなれば幸いと編んだのが、この本です。

もちろん平成や令和の若者たちにとっても、興味深い生活史になっていると思います。

私が初めて本を書き、やがてフリーランスのジャーナリストになるきっかけを作ってくださった講談社の編集者である岡部ひとみさんに、久しぶりに声をかけていただいたことで、この本が生まれました。フリーランスライターの宮内健さんのおかげで、本がまとまりました。感謝しています。

2023年10月

ジャーナリスト・名城大学教授　池上　彰

写真提供

講談社資料センター（安保改定締結に反対するデモの光景／岸信介／池田勇人／東大全学ストライキ／映画『いちご白書』／あさま山荘事件／岡本公三／首都高速道路建設の風景／トイレットペーパー騒動／日本万国博覧会のアメリカ館／太陽の塔／堺屋太一／ビートルズ／プロレスの力道山／有吉佐和子／『あしたのジョー』／ベ平連の集会／岡林信康／日中国交正常化交渉時の田中角栄／立花隆／ロッキード事件公判時の田中角栄／中内㓛／松下幸之助／堤清二／堤義明／大日向開拓地記念碑付近での明仁上皇と美智子上皇后／婚約後の明仁親王と正田美智子さん／沖縄ひめゆりの塔に献花される明仁親王と美智子さま／四日市公害訴訟／水俣病患者の抗議活動／イタイイタイ病／光化学スモッグ注意報／美濃部亮吉／ハワイでの日米首脳会談／福田赳夫／佐藤栄作ノーベル平和賞／社員旅行／柳田邦男／筑紫哲也）

共同通信社（ツイッギー／三島由紀夫／沖縄コザ暴動）

楽曲許諾

日本音楽著作権協会（出）許諾第2307554-301号（友よ／手紙／自衛隊に入ろう）

講談社現代新書　2726

昭和《しょうわ》の青春《せいしゅん》——日本《にほん》を動《うご》かした世代《せだい》の原動力《げんどうりょく》

二〇二三年一一月二〇日第一刷発行

著者　池上《いけがみ》彰《あきら》

発行者　髙橋明男
発行所　株式会社講談社
東京都文京区音羽二丁目一二—二一　郵便番号一一二—八〇〇一
電話　〇三—五三九五—三五二一　編集（現代新書）
〇三—五三九五—四四一五　販売
〇三—五三九五—三六一五　業務
装幀者　中島英樹／中島デザイン
印刷所　株式会社新藤慶昌堂
製本所　株式会社国宝社
定価はカバーに表示してあります　Printed in Japan

N.D.C. 914　270p　18cm
ISBN978-4-06-533106-4

「講談社現代新書」の刊行にあたって

教養は万人が身をもって養い創造すべきものであって、一部の専門家の占有物として、ただ一方的に人々の手もとに配布され伝達されうるものではありません。

しかし、不幸にしてわが国の現状では、教養の重要な養いとなるべき書物は、ほとんど講壇からの天下りや単なる解説に終始し、知識技術を真剣に希求する青少年・学生・一般民衆の根本的な疑問や興味は、けっして十分に答えられ、解きほぐされ、手引きされることがありません。万人の内奥から発した真正の教養への芽ばえが、こうして放置され、むなしく滅びさる運命にゆだねられているのです。

このことは、中・高校だけで教育をおわる人々の成長をはばんでいるだけでなく、大学に進んだり、インテリと目されたりする人々の精神力の健康さえもむしばみ、わが国の文化の実質をまことに脆弱なものにしています。単なる博識以上の根強い思索力・判断力、および確かな技術にささえられた教養を必要とする日本の将来にとって、これは真剣に憂慮されなければならない事態であるといわなければなりません。

わたしたちの「講談社現代新書」は、この事態の克服を意図して計画されたものです。これによってわたしたちは、講壇からの天下りでもなく、単なる解説書でもない、もっぱら万人の魂に生ずる初発的かつ根本的な問題をとらえ、掘り起こし、手引きし、しかも最新の知識への展望を万人に確立させる書物を、新しく世の中に送り出したいと念願しています。

わたしたちは、創業以来民衆を対象とする啓蒙の仕事に専心してきた講談社にとって、これこそもっともふさわしい課題であり、伝統ある出版社としての義務でもあると考えているのです。

一九六四年四月　野間省一